【増補改訂版】
石器実測法
情報を描く技術

田中 英司

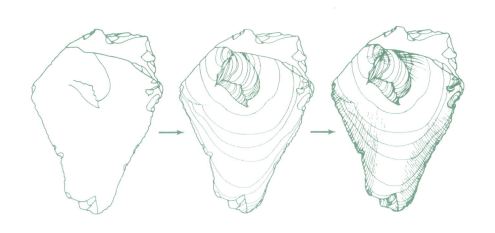

雄山閣

はじめに

　雨上がりの耕地では掘り起こされた土の間から，陽にかがやくガラスのかけらを見かけることがある。こころみに取り出してみれば，みごとな加工の黒曜石の矢じりであることもまれではない。誰もが感嘆の声を上げるこうした場面には，昔の人々も幾度となく遭遇したことだろう。平安時代の『続日本後紀』や『三代実録』中にみえる，雷雨後に顔をのぞかせた石鏃についての記述は，文字で石器を表現した最古の記録である。

　石鏃を神軍の武器とは思わないだけで，大方の石器研究者の原体験も似たようなものである。私も高校生のころ考古学と出会い，石器の魅力に引き込まれた。単純な原理で生み出された道具なのに，見ているだけで鳥肌が立つようなすごみがあった。石刃にはまるで刀の鎬のような稜線が走り，指先がためらうほどの鋭利さである。しかし金属製の刃物の冷たさはなく，どこか作り手の体温が感じられるようだ。

　みつけた器物の驚きを具体的に伝えようとすれば，言葉では限界がある。図に示す方が効果的に違いない。こうした思いを科学に変える作業が「実測」である。実測では表も裏も，キズも欠けもあらゆるところを丹念に観察し，図化しなければならない。そのため見過ごされがちな細部にも光があたる。目で見，手で触れた認識を解析し，図に置きかえて資料化する。自分の実測した石器は時間を経ても，その時の感触がよみがえってくる。まるで幼なじみのように記憶に刻まれ，描けば描くほど情報が，石器の方から自分に伝えてくれるような実感がある。理屈ではない。実測とはそういう作業なのである。石器を知るのにこれにかわる方法はない。

　2000年11月5日の旧石器捏造報道は日本の考古学研究者，とりわけ石器研究者にとって言葉を失うほどの衝撃だった。果敢な実践も高邁な理論も，研究にかかわるあらゆることが，この日を境に見直さざるを得なくなった。夢から覚めてみれば，残念ながら研究者のモノを見る力のなさだけがきわだった，その結果の起こるべくして起きた過失であった。

　同時代に生きた者は当然だが，日本考古学は今後何世紀にもわたって学史の冒頭で，この事件を恥じ入る宿命となった。時を経てうすれていく記憶をつなぎ，ページをめくるたびにその痛みを満身に感じて，もう一度研究を再生させなければならない。そのためにも特にこれから石器研究にたずさわろうとする若い人たちに実測という作業の意義を伝え，実践してもらい，そこで育まれるモノに即した認識を武器に，再び日本の石器考古学を構築し直してほしい。

　石器実測の重要性を痛感しながら専門の解説書がない現状のなかで，以前から一冊にま

とめたいという希望をもっていた。しかし実技には個人的な経験則による面も多く，どこまで意図するところが伝わるのかためらいがあった。しかしそれも世紀末の事件で消えた。

　発掘も実測も研究の源泉である。無論本書で述べたことがすべてではないが，それも実作業を繰り返してはじめて見えてくる事実である。その圧倒的な事実の蓄積で地に足のついた議論が交わされ，新たな研究の核となれば著者としてこれに勝る幸せはない。

　2004年3月

目　　次

　はじめに ………………………………………………………………………………… 1

第Ⅰ章　石器実測図の歴史 ……………………………………………………… 6
　1. 石器実測図事始め ……………………………………………………………… 6
　　　「実測」とは／西欧知識／貞幹と石亭／偽石器論争と図
　2. 近代の石器図 …………………………………………………………………… 11
　　　印刷技法／モースの視点／投影図と立体図
　3. 研究者が実測者 ………………………………………………………………… 19
　　　画家と研究者／大野雲外の形式分類図／浜田耕作の遺産／どのように実測したか／
　　　原寸大の情報
　4. 現代の実測図 …………………………………………………………………… 23
　　　岩宿遺跡の報告書／配置と向き／黒曜石の功績／砂川遺跡の実践／月見野と野川／
　　　描画面の増加／補助投影図・標示記号／写真画像

第Ⅱ章　実　技 …………………………………………………………………… 32
　1. 石器実測図の原則 ……………………………………………………………… 32
　　　〈1〉各面の名称／〈2〉剝離痕の名称
　2. 外形から稜線まで ……………………………………………………………… 35
　　　〈1〉実測用具／〈2〉置き方／〈3〉外形を描く／〈4〉稜線を描く
　3. リングとフィッシャーからトレースまで …………………………………… 40
　　　〈1〉リング・フィッシャーの原則／〈2〉打撃方向の推定／〈3〉剝離の時間差／
　　　〈4〉基準線の作成／〈5〉側面図を描く／〈6〉外形の転写／〈7〉断面図を描く／〈8〉トレース
　4. 面の配置と標示 ………………………………………………………………… 56
　　　〈1〉配置／〈2〉標示記号／〈3〉補助投影図／〈4〉描き分け／〈5〉別図／〈6〉記録・保管

石器実測図集成 ……………………………………………………………………… 61
　石器実測図一覧表 ………………………………………………………………… 89

　引用・参考文献 …………………………………………………………………… 92
　おわりに …………………………………………………………………………… 97
　再版にあたって …………………………………………………………………… 98
　索　引 ……………………………………………………………………………… 101

石器実測法
―情報を描く技術―

第Ⅰ章　石器実測図の歴史

1. 石器実測図事始め

　「実測」とは「実測：実地に測量・計算すること」と,『広辞苑』にある（新村編 1998）。実測の用語は計測を伴うあらゆる作業をふくんでいる。投影法に則った遺物図以外にも,地形測量図も実測図である。浜田耕作は今日の遺物実測図にあたるものをその方法のとおり,「製図法による図写」と呼んでいる（浜田 1922：124）。戦前盛んにヨーロッパの旧石器時代研究を紹介していた大山柏が,自らも描いた遺物実測図に「写生測定」の言葉をあてている（大山 1922）。単なる図画ではなくそこに一定の規則性を付加しようとする点では同じである。中谷治宇二郎には,「完全土器の形や土偶,石器,骨角器の形は実測図による事とする」と,今日と同じ遺物「実測図」としての記述がある（中谷 1929：46）。第 2 次大戦後は,「図写にはスケッチと実測図がある。スケッチは見取図であって,肉眼に映ずるままを描いたもの,実測図は平面・立面・断面を製図法によって正確に写すをいう」と認識されてはいたが（大場 1948：250）,「写真も必要だが,それと同時に実測図もあるほうがよい。実測図の方は写真があれば影等を入れて,スケッチ風にしないでも,ただ線描きだけで十分である」（酒詰 1951：189）と,実測図の位置づけや何をどう描くべきかが確立するまでにはまだ時間を要した。

　西欧知識　この「実測」の文字が石器実測図と並んで顔を見せるのは,ヘンリー・フォン・シーボルトによる 1879 年刊行の『考古説略』である（シーボルト 1879）。外交官であった吉田正春によって邦訳され,「考古学」の用語を普及させたこの書には,ジョン・ラボックの "*Pre-historic Times*" 第 2 版の,銅版石器図を転写した石版画が掲載されている（Lubbock 1869・佐原 1988a：261）。各々の図の傍らには「実測」,あるいは「実測二分一」と記されている（図1）。この場合の「実測」は実物の大きさを指し,今日で言う「原寸大」の意味で用いられている。細長い石器は長軸を立てて,先が尖ったものもその尖頭部を上にし,刃部をもつ掻器類はそれを下に配置している。左右の側面図は今日に通じる正投影図第 3 角法に準じて,それぞれ対応する面を向いて置かれている。

　ヘンリー・フォン・シーボルトは『考古説略』と同年に,英文の "*Notes on Japanese archaeology*"（以下『日本考古学覚書』と略）も刊行している（Siebold 1879）。ヨーロッパ考古学の成果を邦訳した前者に対して,日本の考古資料を英文で解説した後者の存在が,一方的でない研究の相互交流を果たそうとするひとりのドイツ人によって行われている。

　石版印刷の石器図が並ぶ『考古説略』に対して,『日本考古学覚書』は印画紙をそのまま紙面に張りつけた遺物写真が用いられている。高価な紙焼写真を貼りつける手法では当然発行部数が

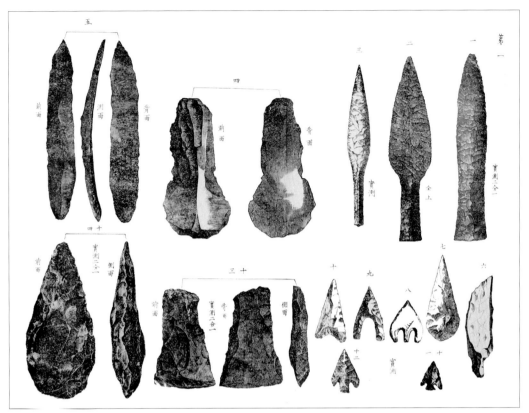

図1 『考古説略』の転載図（シーボルト 1879）

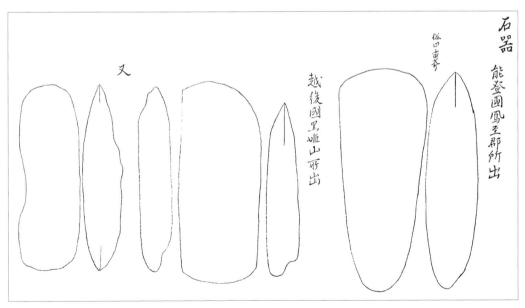

図2 『集古図』の磨製石器図（国立国会図書館 website）

限られるが，図とは異なる写実性，客観性がある。図化基準が確立していない状況では，写真という当時の最新技術は遺物そのものを示す手っ取り早い方法でもあったろう。さらに巻末の一覧表は注目される。Raifu は Celt，Fundon ishi は Axe-shaped implement，と和名が適切に対訳され，加えて Flint，Andesite，Tuff，Jasper，など，欧米の岩石名称も付されている。発見場所等の記載とともに，いずれも博物学者らしい客観的なデータの提示を心掛けている。

貞幹と石亭　シーボルトの『考古説略』は，当時のヨーロッパ考古学における完成された石器実測法の存在を伝えている。しかし進歩は常に外部からもたらされたわけではない。それにさかのぼること約1世紀，江戸寛政年間に原寸大の投影図，つまり実測図で石器を描いた人物が『集古図』を編んだ民間学者の藤貞幹である。

『集古図』には自筆本に加えていくつかの写本が伝わっているが，刀剣や楽器類も収録された古器物の総合報告書である。その刊行年代は1789（寛政元）年とする説（中谷1935：125）と，不明とする説がある（清野1954：621）。貞幹には，「小片ノ毀瓦トイヘドモ古製ヲ考フルニ足ル」という科学的認識がある（清野1944：406）。公平で正確な記録を心掛けたことで，貞幹の存在は同時代において群を抜いている。

貞幹は石器の外形を筆記具でなぞる方法を採用し，対象資料を実物大で写し取ったようだ。しかも必要に応じて平面図に加え，側面や下面図も作成され所定の位置に置かれている（図2）。自身が直接対象と向き合った結果である。各面が投影されたことにより，描かれた石器が刃先を研磨された両刃の磨製石斧であることが一目瞭然と理解できる。さらに刃先の一方がすり減る「偏刃」や，両端に刃がつく「双刃斧」すら読み取れる。もはや絵図ではなく，まさに実測図である。貞幹を日本における石器実測図の祖とし得るだろう。図中に簡明に記された「石器」の文字も貞幹が最初に用いたと言われ（清野1954：639），「俗曰雷斧」のそえ書きがその科学性を証明している。

近世の石器研究では「石の長者」木内石亭もいる。石亭が編んだ『雲根志』は，1773（安永2）年から1801（享和元）年の長期にわたって断続的に刊行された。貞幹と同じく原図は石亭自身の手で描かれたという（今井1969：543）。

石亭は石器を「みがき肌（磨製）」と「欠肌（打製）」に分けている。「みがき肌」の磨製石器は外形をたどることで認識されやすかったが，欠肌の「神の鑓」では今日の実測図のような線描表現でその特徴を捉えようとしている（図3-1）。「色漆のごとく光沢あり　長さ七寸五分　先尖りもとにまるきものあり」とあるこの石器は，明らかに縦長の「石匙」である。中央に2条の稜線が走り，そこから側縁方向に多数の短線が伸びている。この短線を素材剥片のリングではなく2次加工と見るのは，上・左・右の3側縁に対して垂直方向に描き分けられているからである。2の新潟県出土の類品からしても（中村1960），素材の剥離面を中央に残して縁取るように加工した，剥離の稜線を示したのだろう。それに対応して左右の側縁も意図的に凹凸がつけられており，充

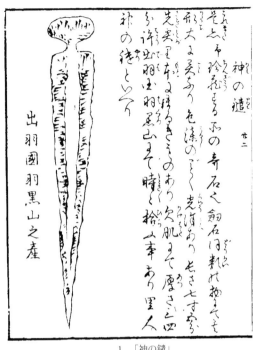

1.「神の鏃」
（木内『雲根志』）

2.「縦長石匙」
（中村 1960）

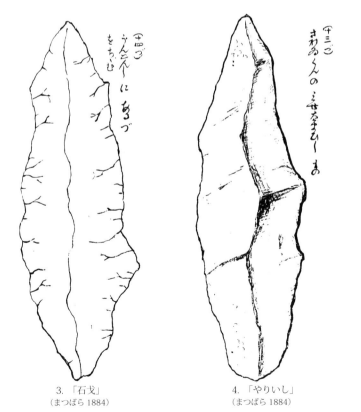

3.「石戈」
（まつばら 1884）

4.「やりいし」
（まつばら 1884）

5.「鎗石」
（神保 1886）

図3　『雲根志』（国立国会図書館 website）の石器図と論争

偽石器論争と図　『雲根志』中にはまた「石戈」とされた資料があり、それは明治に入り「やりいし」として類品と並んで再録された（まつばら 1884）。石亭の図は中央に一筋の稜線が走り、左右の側縁からひび割れのような線を捉えている（3）。「欠肌」の石器と見たのである。原文では長さが「一尺二寸五分」とされており、40cm を超える尖頭器ならワールドレコードものである。報告者のまつばらはその類品を陰影で表現している（4）。石亭にあった側縁からの線が消え、中央の稜線に対するいくつかの面構成が強く印象付けられている。まつばらは石器の製作技術は古くは拙く新期は巧みであるから、やりいしは古いという（まつばら 1884：10）。だから細密な加工などない、図はその認識の反映である。神保小虎も風化は激しいが自然の石にはない割れ方だと（神保 1886）、石版で中央の稜線から陰影をつけた尖頭器状に作図している（5）。しかし疑義が生じる。比企忠はこれは「ゲンノー石」と俗称された第 3 紀の岩石で、一見石器のように見える形状は結晶など自然の成因によるものだと冷厳に結論付けている（比企 1896）。加工を示したくとも本来そのようなものはないのだ。石亭は側縁に着目し加工として図化したものの、「神の鏟」とは異なりその稜線は途中で消えている。そういう性質であることがわかる。しかしまつばらの図では細部など眼中になく加工どころか全体が剥片のようにも見え、それが神保の石版図で写真のような陰影に代わっている。石器であることが前提だから、図によって人為か否かを議論しようとはしない。

媒体によって図からもたらされる情報は異なる。陰影表現であっても全形は伝わるが、問題は対象に備わった時間と空間に関する情報であり、石器の場合それは打撃や研磨の物理現象を明示したものでなくてはならない。少なくともその議論に耐えるのは、ひび割れが側縁のみに不自然に広がっていることを捉えた石亭の木版線描図である。

規則性に則って打撃現象を図化し得るのはごく近年のことである。『雲根志』のように図に寸法を書き入れる手法は当時通例であったし、石亭も貞幹のような客観的な記録を追求したものではなかったろう。それでも認識した現象を「線」でたどることにより、結果として近代の図よりも考古学的な情報の質量が勝っていた。加えて評価すべきは「弄石家」のネットワークを用いた広範な資料集成と、図譜の刊行という普及面での業績である。貞幹もこの点では石亭にはるかに及ばない。江戸期には石亭や貞幹以外にも、太古の文物に着目した市井の好事家が少なからず存在した。すそ野の広がりは各分野にわたっており、あふれる好奇心による膨大な準備運動の上に近代科学が移植されていったのである。

2. 近代の石器図

印刷技法 コロタイプ印刷による考古資料の鮮明な写真集は,明治後半期から普及し始める(清野 1954：617 - 618)。従来からの木版に石版・銅版や写真も併存する状況が続いたが,その選択には無論打撃表現からの適否はない。一方石器と同じく土器も図化されているが,そこには大きな違いがある。大小さまざまな土器の縮尺は統一し難く,また自立する土器を水平の視点では描きにくい。先進的な『集古図』でさえ,土器図は斜め上からの立体図である。

小形扁平の石器は自立せず,自然に紙上に平置きして真上からの視点で原寸大で描くことになる。期せずして「視点」と「縮尺」という,実測図にとって必須な要素が実現する。それが印刷技法の違いによってどう異なってくるのだろうか。

木版の印刷方法も内容も,江戸期の伝統に則ってさまざまな古器物を図示したのが,幕末から明治にかけての国学者横山由清の『尚古図録』である(横山 1871)。石器は図 4 - 1・2 のように勾玉や石剣類が「大如図」,すなわち原寸大の正透視で示されている。1 の左には自身が所有する「石鉾」がある。両端が尖り,両側縁は中央部で抉られたように狭くなる。石材の色彩を表現したのであろう黒色の部分には,白抜きで剝離痕の稜線が描写され側縁に対応している。中央の白地の部分には稜線は描かれていない。点々と黒色にかすれた表現もなされており,原石の自然面や節理面,あるいはこの石器に特有の二重パティナかもしれない(田中 2012：193 - 194)。

この特異な石器は東北地方を中心に,ほぼ全国に分布する縄文時代前期初頭の「抉入尖頭器」

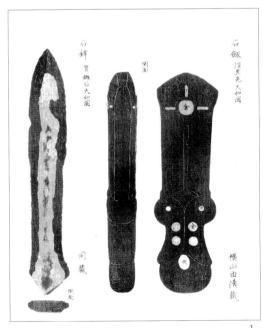 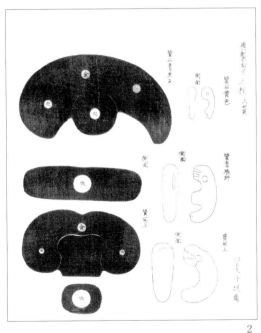

1　　　　　　　　　　　　　　　　　　　　2

図 4　『尚古図録』の木版図 (横山 1871)

第Ⅰ章 石器実測図の歴史

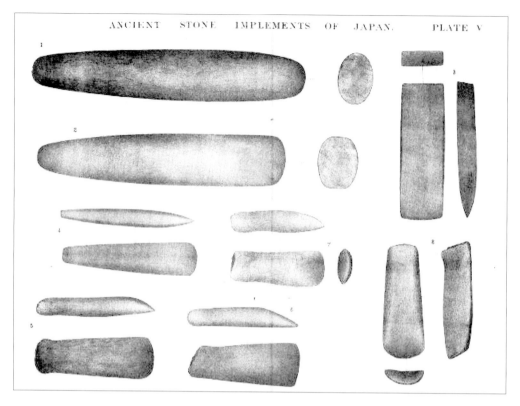

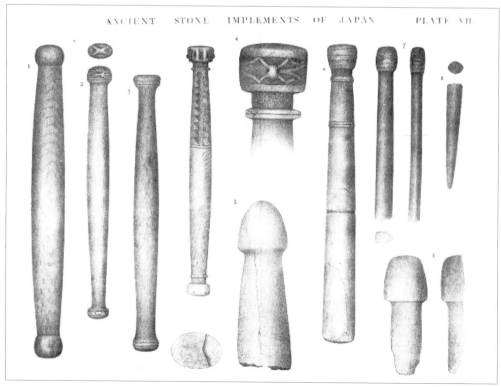

図5 『日本大古石器考』の石版図（Kanda 1884）

である（田中 1995）。抉入尖頭器は土器に似た文様加工とも呼ぶべき作業によっていくつかの型に分類でき，本例は研究史を尊重して「横山型」と名付けた（田中 2012：182）。同型は福島県関下遺跡・上林遺跡例に認められる。横山の「石鉾」も同地域に分布する抉入尖頭器の仲間であろう。古めかしいイメージのある木版印刷だが，原寸大であることも加わって必要な情報が十分に伝わってくる。

横山と親交のあった神田孝平は明治政府の要人であり，坪井正五郎が創設した「人類学会」の初代会長でもあった。神田は 1884 年に国内の石器のみを集成し解説した英文の "*Note on Ancient Stone Implements, & c,. of Japan*"（以下『日本大古石器考』と略）と，その 2 年後に邦文による解説書『日本大古石器考』を刊行した（Kanda 1884・神田 1886）。

『日本大古石器考』には 24 の石版折込図版に，250 点以上の精密な実測図が掲載されている。石器を Chipped Stone Implements（打製）と Polished Stone Implements（磨製）に分け，図の約 6 割が 1/1，3 割が 1/2，残りが 1/3 縮尺で統一されている。木版や銅版とは異なり打製石器を線描で表現するには砂目石版では限界があるが，磨製石斧や石棒類は写真のような陰影の正投影図，しかも第 3 角法で図化されている（図 5）。この神田の著作のなかに抉入尖頭器も 2 点あり，うち 1 点は『尚古図録』中の「石鉾」のもう一面を描いている。同じ石器を異なる印刷方法で図示した格好の比較例となる。

『尚古図録』の木版画「石鉾」（図 6 - 1）は，『日本大古石器考』に英文で Flint Spear-head として，1/2 の石版画で再録されている（2）。縮尺をそろえて比べると左右側縁の形状が反転したように異なり，『尚古図録』とは別面が描かれていることがわかる。

尖頭部を拡大してみると，1 は剥離稜線が白抜きながら線で明瞭に描き出されている（a）。それに対して 2 はまず濃い目の線で側縁の鋸歯状を強調して描き，内部をデッサンのように濃淡を重ねて立体的に表現している。調整加工による側縁の凹凸もうかがえるが（b），陰影では細部はわからない。この点では線描の『尚古図録』の方が優り，石亭と同じく木版線描が期せずして今日の実測図の指向性を先取りしている。

もうひとつ神田が Obsidian Spear-head とした黒曜石製抉入尖頭器がある（3）。頭部と基部との大きさが近似する後半期の「畚部型」（田中 2012：188）である。同じ石器を筆者が再実測してやはり同一縮尺で比較した（4）。3 は鋸歯状の側縁をやや強調しすぎる傾向があるものの，1/2 の縮尺ながら鋭利な黒曜石の外形がよく表されている（c）。再実測した図（d）と比べても，特に頭部側縁の凹凸がよく捉えられている。ただやはりそこから伸びる加工は陰に沈み，またやむを得ないことであるが，下半の欠損と新しい損傷であるいわゆる「ガジリ」についても認識が及んでいない。

神田の『日本大古石器考』はこの時代の研究者相互の密な関係を示すように，表紙はシーボルトの『日本考古学覚書』にならい，さらに縮尺の統一や折込図版に対する英文解説などは "*Shell*

第Ⅰ章　石器実測図の歴史

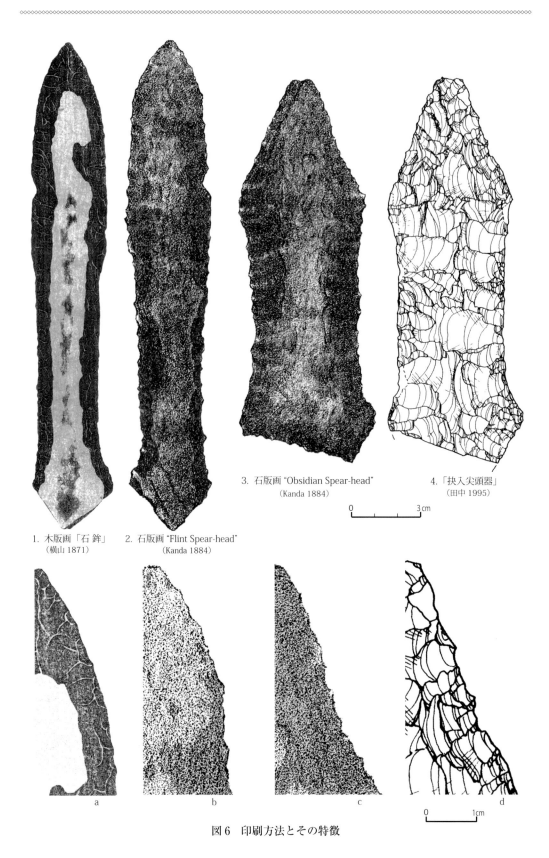

1. 木版画「石鉾」
   （横山 1871）
2. 石版画 "Flint Spear-head"
   （Kanda 1884）
3. 石版画 "Obsidian Spear-head"
   （Kanda 1884）
4. 「抉入尖頭器」
   （田中 1995）

図6　印刷方法とその特徴

Mounds of Omori, Memoirs of the Science Department, University of Tokio, Japan"（Morse 1879）の体裁にならっている（以下『大森貝塚』と略）。正投影図に徹したモースの科学性は直系の後継者を得られなかったが，小形扁平という石器の特性からもむしろこの神田の著作のなかに生きている。

　モースの視点　1871年の『尚古図録』と1884年の『日本大古石器考』の間に位置するのが，E.S. モースにより1877年に発掘され1879年に刊行された『大森貝塚』である。佐原真は原図に残る実測の痕跡を指摘している（佐原1977）。完形土器から破片に至るまで縮尺を統一して正透視した『大森貝塚』の実測図こそ，モースの類まれな科学的精神によって成し遂げられた画期的な成果である。

　モースは複雑多岐にわたる土器を「科学的性格」で記載することを基本に，図化することにした（モース1970・Tanaka 2018：9）。しかし多忙なモースに代わって出土品を実測したのは，日本人画家の木村静山である。自らの分身として厳密な科学性を求めるモースに対して，静山も画家として作品の完成度にこだわりがあった。ミリ単位の精度を求めるモースと，紙面に下描きが目に付くことを嫌った静山によって多用されたのが針である（Tanaka 2018）。

　『大森貝塚』の実測原図からは，実物と用紙の双方に設けられたセンチ単位のマス目の存在が読み取れる。きわめて高い精度で1/2縮尺の土器図を作成するために枠と針を用い，鉛筆でデッサン用紙に描いたのである。針による測点はマス目の基準となる中心線や区画線の起点，外形や文様など多岐にわたっている。図7−1の1/2の完形土器図には区画線はないが，針穴（●）は口縁や左右外形に残る。外形は中心軸から1cm単位で，左右対称に測点を求めている（b）。一方驚異的なのは口縁部に廻った文様の刻み目で，その一つ一つに針穴が残されている（a）。穴の間隔は中心から両側縁に向かってだんだん狭くなっている。1/2縮尺した口径13cmの範囲に確認できるだけで約50個の刻み目という精密さで，遠近感を計算して記しているのである。

　モースの主眼は土器にあって，数少ない石器が副次的な扱いになるのはやむを得ない。原寸大の石器図にはマス目はなく針穴も限定的である。しかし正透視に徹する方針は一貫している。2は原文でHammerとされた（Morse 1879：6），いわゆる「分銅形打製石斧」である。紙面に垂直に貫かれた針穴は，外形の屈曲部や剥離痕の交差する要所にある。測点など必要なさそうな扁平な形状でも手を抜かない。打ち欠きによって生じる鋸歯状の側縁も見過ごさず（c），太い線で輪郭を縁取って丹念に描写している（★）。加えて風化した石材ではあるがc・dのように，陰影の中に剥離のリングや稜線も読み取れる（☆）。まだ打撃の理論やその表現法が確立していないにもかかわらず，これも現象を忠実に捉えた結果である。

　投影図と立体図　モースの視点が正しく継承されていけば，日本考古学は精緻で科学的な実測図が早くに確立しただろう。しかし実際は異なる方向へと進んでいった。

　モースが一時帰国中の1879年から80年にかけて，教え子の佐々木忠二(次)郎・飯島魁によっ

第Ⅰ章　石器実測図の歴史

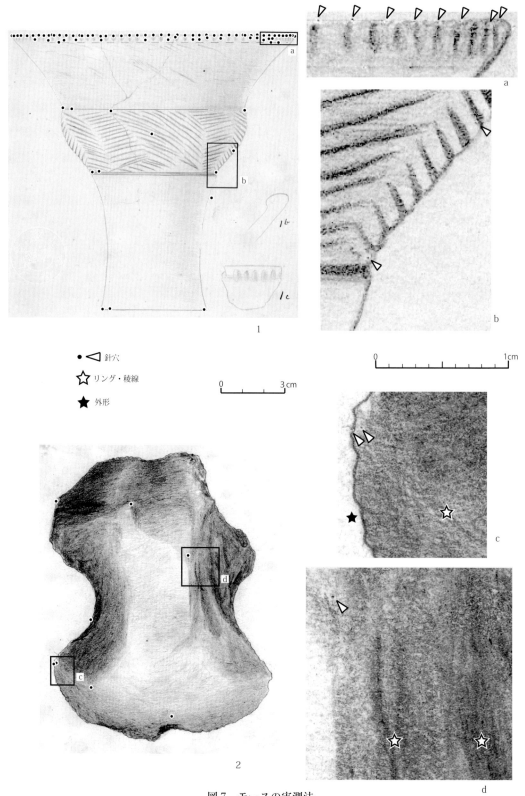

図7　モースの実測法

て調査されたのが茨城県陸平貝塚である。1880年の『学芸志林』での概報の後（佐々木・飯島 1880），1883年に『大森貝塚』の体裁を踏襲した英文の"Okadaira Shell Mound at Hitachi"（Iijima and Sasaki 1883）が刊行された（以下『陸平貝塚』と略）。『陸平貝塚』の実測原図は確認されていないが，実測を行ったのは工部美術学校出身の印藤真楯だったと推定される（Tanaka 2018：37）。イタリア人画家フォンタネージに学んだ陰影法を得意とする印藤は，出土遺物を写真のような立体表現で図化した。

図8には『大森貝塚』と比較して掲げたが，両書ともに9点の石版の石器図がある。ともに小形扁平の石器を紙面に平置きした作図だが，一見して『大森貝塚』（1～4）よりも『陸平貝塚』（5～8）の方が陰影に富み写実的で，石材の質感までも伝わってくる。しかし『大森貝塚』では正投影図を意識して破損面の状態を明示しているが（2～4），『陸平貝塚』では一部の横断面が白抜きとなっていて（8），どこの何を示したものかが不明である。また大きく異なるのはすべて1/1で描いた『大森貝塚』に対し，『陸平貝塚』では9点中1/1が1点，1/2が1点，2/3が7点と統一されていない。両者の違いはさらに土器図を見れば一層明瞭となる。

『大森貝塚』では破片（9）でも完形土器（10）でも一貫して正投影図の水平目線で作図されている。それに対して『陸平貝塚』では平置きした口縁部破片（11）の破線で示された復原形を，12の完形土器と同じく，わざわざ斜め上から見た立体図にしている。また縮尺でも『大森貝塚』では全土器図の9割近くがモースの意図通りに1/2縮尺，残りが1/1または1/4と徹底している。それに対して『陸平貝塚』では1/2が6割で主体であることは同様だが，残りは1/1・1/3・1/4・2/3・2/5と縮尺が6種類にも及んでいる。対象を立体視しては正確な大きさを求めることはできない。『陸平貝塚』で目指したものは明らかに写真のような立体図である。

究極の写実である「写真」の登場は革命的であり，その普及は時代の趨勢でもある。初期には，「年月ヲ経ルコト久シケレバ化学変化ヲ致シ写影為ニ消滅スル」（平木1936：67）ので，耐久性のある石版印刷に需要があった。その後改良され活版文字の中に写真を製版して組み込むようになり，文字と図版とが一体となった刊行物が急速に広がる。

『人類学雑誌』を例にとれば1886（明治19）年，前身である『東京人類学会雑誌』が創刊される。明治20年代から30年代前半では石版画を中心としていて，写真はまだ用いられていない。本文中の挿図もあるが主要な図版は折込図として別に印刷されており，『大森貝塚』の頃の印刷事情が続いている。やがて明治30年代後半に口絵にモノクロ写真が登場するようになるが，一方で石版折込図版もまた存続する。大正期ではとうとう折込図版は消え，さらに昭和に入ると徐々に本文中に組み込まれた写真の数が図を凌ぐようになっていく。学術報告で求められたものが写真に集約されていったのである。

第Ⅰ章　石器実測図の歴史

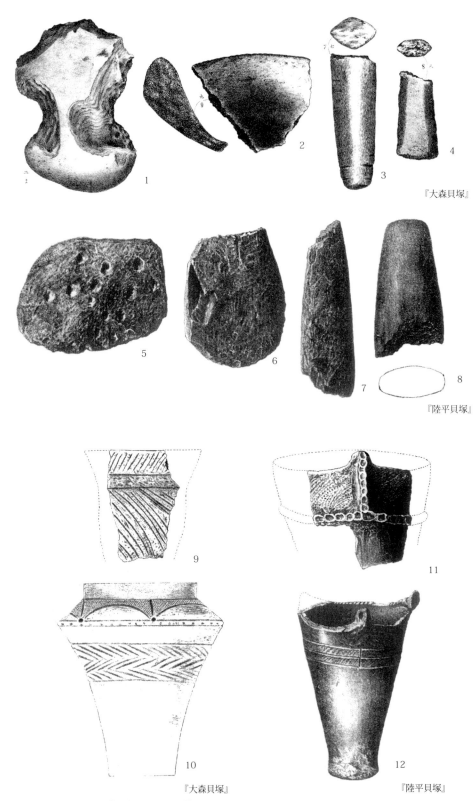

図8　『大森貝塚』と『陸平貝塚』（Morse 1879・Iijima and Sasaki 1882）

3. 研究者が実測者

画家と研究者　精密な石版画は下図を描く画家の才能と，それを写す石版工の技術の上に成立してきた。だから『陸平貝塚』で佐々木らが，下図を画家の印藤に委ねたのは自然な選択といえる。そして下図の作成すら不要な写真の登場である。しかし本来研究者と作図者は不可分の関係と考える。

モースが投影図と縮尺にこだわったのは，それが資料相互の客観的な比較に不可欠と判断したからである。その認識は科学者としての観察力と問題意識に加え，製図工としての素養の上に成り立っている。一方印藤に求められているのは，洋画家としての写真のような立体表現である。当然厳密に視点や縮尺を統一することはできないし，必要もない。そもそも目的が異なるのである。

実測図は常に研究者自らが描いてきたわけではない。打撃の原理が人によって変わるわけではないし，変わっては困る。だから欧米の実測図を描く画家は，「石器型式学はあくまでも考古学者の領域である」（Addington 1986：2）一方，実測図は画家の職域として分離し，むしろそのことによって，「石器型式学者の先入観，および潜在的な盲点への対位法として歓迎される」（Addington 1986：ix）のだという意味づけになる。では分業こそ最適なのだろうか。しかしモースという類まれな人物が示したものは，研究者にとって実測図とは自身の認識を形にしたものだということである。確かに多忙なモースは木村静山の手を借りたが，それはあくまで自分の分身としてであって，意図に添うよう幾度も修正させ，描き直させた（Tanaka 2018）。しかし完全に代替し得るものではないことは，石版工の表現に不満を述べていることからも明らかである（モース 1983：88）。だから専門の軟体動物はすべて自身で実測をしたのである。

事実の記載であれば誰が作図しても同じように思えるが，そうではない。写真と違い実測図では情報の取捨選択が必要となり，その判断は研究者によって差異があるからである。同じ石器でも他者の図に違和感があるのは，細部の認識や見解が異なる証拠である。また当人にとっても最初に描いた図と多くの経験を経た後の図は大きく異なる。それは図画が上手になったのではなく，根底にある自身の認識が深化し向上したのである。

大野雲外の形式分類図　大野雲外（延太郎）は東京帝国大学人類学教室の，教材を作成する画工として勤務していた（斎藤・浅田編1976）。日々作業に従事するなかで『模様のくら』（大野1901）に代表される文様の集成を経て，堰を切ったように石器に始まり土偶・骨器に及ぶ「形式」分類に至る（大野1906・1907・1910・1918）。

打製石斧を例にとれば図9のように，「法馬形」・「撥形」・「短冊形」と命名された各形式を示すのは，「武蔵，西ヶ原」や「武蔵，植物園」と出土地が付記された個々の石器である（大野1907）。そして総数258個を形式別，地域別に定量的に比較しており，これほど日々の実資料の作図から発展した研究はない。「刃先きは鈍くして格別鋭利のものが少ない，只物質を打ちたた

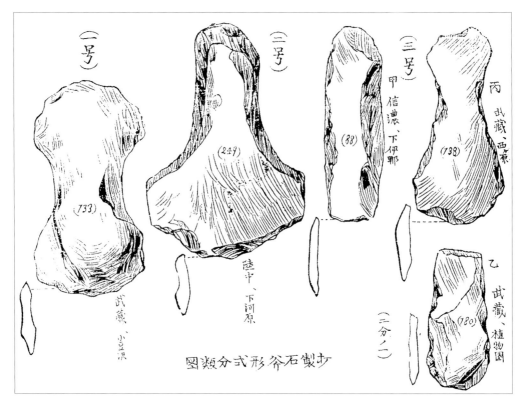

図9 大野雲外の「石器形式」図（大野1907）

く位の用にあてしか，或は，土を掘り穴を穿つために用ひしや何れか不明なれど」（大野 1907：134）の所見も，実物を手にした実感であろう。

　磨製石斧においても人類学教室所蔵の 682 点を 7 形式に分けているが，「極端と極端とを見れば，大差があれども比較して図に示す如く大同小異で，殆ど一致してあるようなものである」（大野 1906：216）ときわめて謙虚である。形式の中には 3 つの破損品も含まれている。慎重に完形品と破損品とを甲乙に分け，安易に復原形を描く提示はしていない。実体の複雑さもまた，誰よりも身に染みて経験しているからであろう。

　『考古学大観』（大野 1930）の序で鳥居龍蔵は大野の研究を評して，「恰も高い山から下界を見下ろしたような感がする」と書いている。しかしむしろ逆で，大野の場合は些末な実体を丹念に観察し記録した後に開けた眺望であって，机上の空論ではない。研究者にとって実測とはどのようなものか，画家が研究者となった大野の業績が伝えている。

浜田耕作の遺産　過去の遺産に対する日本人の特性は，遡れば江戸期の尚古思想という民族的な感情にあるとされている（金関 1985）。その延長上か，今日においても対象物への直接的な働きかけを研究者自身が重ねることによって，到達する理解度があるという意識が強い。それを主観的，情緒的と捉えれば属性分析と数理統計に負い，実測図も一作業として画家に託す欧米流となる。しかし臨床を行わず，カルテも書かない医者はいない。その経験を積み重ねてはじめて

可能となる診断のレベルがあるように，遺物実測においても丹念に太古の作業を紙上に写す蓄積の後に到達する境地，すなわち金関恕の言葉を借りれば，「（前略）零細な一個の破片を手にした一瞬の印象によって，その破片の持つ気分を感覚することによって弁別するのである。そしてその結論は応々(ママ)にして，要素や属性分析を通じてえられた結論より正しい」（金関 1985：329）という段階にもいたる。しかし思想のみで実作業が可能となるわけではない。加えてそこには研究者が実測者として位置づけられる実務的な体系が必要である。

　20世紀のはじまりから第2次大戦後の岩宿発見までのおよそ半世紀は，描かれた石器実測図にこそ大きな変化はない。しかし日本考古学というものの確立の上ではこの時期に画期が訪れる。京都帝国大学の浜田耕作によって実測図の位置づけもふくめて，考古学にかかわる実践的な方法が示されたからである。

　浜田は精密で合理的な事実記載を重視した，イギリスのフリンダース・ペトリーらの方法論に範を求めた。その意志は『通論考古学』という著名な刊行物として結実する（浜田 1922）。同書の特徴をひとことで言えば，それがすぐれた実用書だということであろう。考古学の定義やその目的からはじまり調査・研究の実際はもちろんのこと，博物館での展示から大学との連携にいたるまで，今日でもこれに比肩するものがないほどの内容が盛り込まれている。金関は浜田の業績はモースに匹敵すると述べている（金関 1985：329）。結果的に後継者をもてなかったモースに比べれば，日本考古学の基礎を形づくった功績は実質的にそれ以上であろう。

　『通論考古学』にはペトリーの著書 *Methods & Aims in Archaeology* 中の，Ethics of Archaeology（考古学の道徳）に則した（Petrie 1904：169 − 188），「考古学的遺跡の発掘は，其自身は一箇の破壊なり」にはじまる（浜田 1922：181 − 183），今日にいたるまで考古学にたずさわる者を律する規範にふれた言葉がある。そして図に関しても，「考古学者は美術的絵画の能手たらざるとするも，正確なる写生見取図（sketching）をなし，併せて製図法による図写を作るの素養を要す可し」と提言している（浜田 1922：124）。「正確なる写生見取図」と「製図法による図写を作る素養」は，他ならぬ考古学者自身に求められた。図は研究者の錬磨によって発展する，その道筋が作られた。

　この方針を継承したのが遺物至上主義と言われた梅原末治や，図案科出身の小林行雄らの京大考古学の研究者達である。「モノを頭に叩き込む」という梅原の言葉は（梅原 1973：127），こうした遺物実測の思想を簡潔に物語っている。小林らは1000個以上の土器を実測して分類した『弥生式土器聚成図録』を編んだ（森本・小林編 1938・1939）。実測図が研究にとって不可分のものであることが有無を言わさぬ画期的な成果を伴って示され，好むと好まざるとにかかわらず研究者が作図するという日本考古学の伝統となっていった。

　どのように実測したか　ではこのころの実測方法とは具体的にどのようなものだったのだろうか。ペトリーの *Methods & Aims in Archaeology* には作図についての項目に，印刷時の線の太さ，紙質やインクの種類と濃さ，鉛筆の削り方に至るまで詳細な説明がある。しかし石器のよう

な小形遺物を，実際どのような手順で実測するのかはあまり触れられていない。わずかに，「小形遺物のグループを記録する上で大変有用なシステムで，特に一括遺物を紙上において（2倍の大きさの図版），外形の周囲に鉛筆を走らせて，さらにその対象物を説明するために必要な細部を加える。図版はこのようにすばやく簡単に作られて，遺物について文字で記述するよりはるかに有用である。鉛筆は先端の反対側を鑿の刃先のように削って鋭利にする。注意深くまっすぐに握り側縁に沿って垂直に下ろせば，外形は紙の表面から1/2インチか1インチ上からでも描くことができる。紙のサイズはもちろん縮尺を意識した大きさを用いる。実測図に図版番号を印刷して図に貼りつける」と解説している（Petrie 1904：69 – 70）。

『通論考古学』には，「小なる物品等は両脚器を以て要所々々の寸法を測り，之を方眼紙上に写す可し。堅き鉛筆の尖端を鋭くし，之を以て下図を作り，後に墨入れをなす。（中略）小なるものは鉛筆を以って其の周囲をトレースし，形象を描くも可なり。（中略）製図の際には成る可く原大或いは1/2の図を作り，之を図版にする場合に写真を以て縮小す可し」と，ペトリーに則した記述がある（浜田 1922：124 – 125）。中谷治宇二郎の『日本石器時代提要』も具体的である。「実測図を作るには紙と鉛筆と物差，三角定規でよい。紙はなるべく目のこまかいセクションペーパーを使う。（中略）完成土器などはすぐ二分の一に書く。（中略）土器以外の小遺物は，ものをカードの上に載せて，大体の外郭を鉛筆で印づけて置いて，その後両脚器で幅を測りながら書上げる。実大である」（中谷 1929：44 – 45）。『日本石器時代提要』は1943年に梅原末治らによって『校訂日本石器時代提要』として刊行されるが，この部分の記述は改行を除いて一字一句変更されていない。個人的な工夫を別として，作業の手順としては同じだったのだろう。

原寸大の情報　『通論考古学』では本の体裁はできるだけ「大版」がよいとしている（浜田 1922：189）。従来の折込図版の保存性と経済性の欠点を補い，1ページに多くの図を掲載できる。しかし石器のような小形遺物は別としても，やはり土器については縮尺図にならざるを得ない。中谷が当初から1/2縮尺で原図を描いたのは，こうした図版作成時の利便とデータの保管とを念頭に置いてのことだったろう。この点に疑問を呈し，土器実測に独自の工夫をしたのが小林行雄である。小林は完形土器を最初から1/2縮尺で実測する従来の方法ではすべて左右対称の図になるとして，まず実物大で実測した後，それを方眼紙で縮小する方法に改めた。そのために後に「マコー」と呼ばれる，器形の凹凸を正確に描き出せる器具を考案した（小林 1982）。こうした方針のもとで作成された『弥生式土器聚成図録』（森本・小林編 1938・1939）は，多数の土器図の集成という性格上印刷された仕上がりこそ1/6縮尺であったが，高価なコロタイプ印刷の採用により原寸大で捉えられた原図の微妙な線がひろいあげられた（内田 1994）。

マコーの製作に示されたように，小林らが重視したのは土器の実物大の情報である。石器も同様であり，後にマコーが石器断面図の作成にも採用されている。しかし鋳造された青銅器や粘土を焼成した土器は基本的に完成品であり，出来上がった形状を的確に描き出すことが作図の目的

である。しかし石器は完成品も未製品も失敗品も混じり，製作者の技量や石材の質にも左右される。石器図はその個体差を踏まえて，製作・使用の過程を示す物理現象を抽出し表現しなければならないむずかしさがある。

京都帝国大学考古学教室が調査した大阪府国府遺跡は，出土した「大形粗石器」が「旧石器時代」のものであるかが検討された。しかしその報告書中にはジョン・エヴァンズの著書の銅版石器図が転載されているものの，国府出土石器は図ではなく写真で示されている（浜田 1918）。打撃現象をどう図化するか確立していない以上，鮮明な写真の客観性を選択したということであろう。

古くは藤貞幹の著作でも明らかなように，磨製石斧や勾玉のような磨製の石器は外形を追うだけでも必要な情報の大半が提供できた。しかし打製石器は簡単ではない。打撃の詳細を写真で示すことは困難であり，それを描写するには打撃の物理現象に対する研究が必須である。石亭をはじめ過去の石器図のなかには，生じた現象を視覚的に追いながら，結果的に剝離の稜線を描き出しているものもある。しかし打撃の原理を踏まえて意識的に表現したわけではない。大野雲外も打製石斧の製作過程を具体的に図示しているが（大野 1926），打撃現象を表現するまでには至っていない。樋口清之は石鏃などの打製石器を実際に製作することで，打撃の基本原理を知ろうとしている（樋口 1927）。大山柏も「原石 eolith」，今日で言う偽石器問題に関連して自らガラスを打ち割って実験を行っている（大山 1931）。また「剝取」・「打瘤」・「波状伝播片」など，打撃で生じる現象についての和名も考案している。しかしあくまで個別の試験的な研究にとどまり，それが作図法の確立までに至らなかったことは，近代後半の図に明らかである（田中 1991）。

実験によって打撃現象が確認されたとしても，それをそのまま描写すれば物理現象の図である。石器実測図では石に残る人為的な痕跡から，時間と空間の要素を選択する必要がある。古墳を調査することで古墳の研究者が生まれ深化したように，石器の実測図が発展するためには自前の資料とそれを専門とする研究者が輩出されなければならない。こうした実測についての実践的要素を一線に結びつけたものが，第2次大戦後における群馬県岩宿遺跡にはじまる土器を持たない石器文化の発見である。

4. 現代の実測図

岩宿遺跡の報告書　縄文時代よりも古い時代は，「先縄文」・「先土器」・「無土器」・「旧石器」・「岩宿」など様々な名称で呼ばれてきた。それが一時期「旧石器時代」で決着したかに見えたが，それこそ「旧石器捏造」がもたらした学術的惨禍である。名称の数だけ理由があるという原点に再度向き合うべきであり，筆者は時代名は地域的・文化的特性に応じるべきであるとした杉原荘介の主張を踏まえて（杉原 1963），「先土器時代」を用いている（田中 2001）。石器を専門とする研究者が輩出され，石の道具に示された現象の図化が研究と一体となって発展する状況がこうして生まれた。

第Ⅰ章　石器実測図の歴史

　1949 年に調査された岩宿遺跡の報告書『群馬県岩宿発見の石器文化』（以下『岩宿遺跡』と略）は，1956 年に明治大学研究報告の考古学第 1 冊として刊行された（杉原 1956b）。出版までに要した 7 年の間に，この未知の石器文化を位置づける上での様々な検討があったことが想像できる。縄文よりも古い文化の存在を証明したこの記念碑的報告書が提起している問題はいくつもあるが，ここでは図に限定して考えてみたい。

　『岩宿遺跡』の大きさは B 5 判であり，石器の図版は巻末に集められている。すべて 1/1 で提示され，まず古い順に A 区岩宿層出土資料が「岩宿Ⅰ」，阿左見層出土が「岩宿Ⅱ」，発掘の発端となった相沢忠洋による A・B 区採集資料が「岩宿Ⅲ？」とされている。縮尺せずに原寸で示されたことは小形石器が多いという以上に，日本における確実な縄文時代を遡る最初の遺跡調査報告として，あくまで客観的な資料提示が心掛けられたからではないか。それは写真と図の関係にも表されている。

　配置と向き　石器図版は正面・裏面の写真図版が来て（図 10 − 1），次頁に同じ石器の同じ面の実測図版が来る（2）。石器は 2 面が示されて向かって左に正面，右にその裏面または剥片であれば主要剥離面（腹面）が来る。2 面の外形はそれぞれ別に作成されているから，反転して重ねると一致しない。写真・図ともに 2 つの面の関連を示す指示線が中央に引かれている。実測図の線描はまだ陰影表現である。まず写真によって客観的な形状を示した後に，図で補完する意図だったと推定される。岩宿段階ではまだ，近代後半の写真と図との主従関係から脱していないことがわかる。しかし写真で示せない「ハンドアックス」の縦・横断面図は別に 1/2 で本文中に図示されており，相互の性質の違いから図と写真とが分離していく兆候がある。

　ついで注目されるのは石器各面の配置である。「ハンドアックス」や「エンドスクレイパー様石器」では刃部が，「ナイフ形ポイント様石器」や「切出形石器」は尖頭部が上に向けられ，剥片では打面部が下に位置するように統一されている。「ナイフ形ポイント様石器」類を除けば現在とは反対である。「ハンドアックス」では尖頭部を上に向ける，ヨーロッパ考古学で一般的な配置を引き継いだのだろう。それが現在「磨製石斧」と認識されて逆になったのは，配置の背景にある石器評価の歴史的な転換を意味している。

　『岩宿遺跡』での面配置はその後の杉原自身に関連した著作物には引き継がれていない。配置を含めた図そのものがまだ試行錯誤の段階であることを示している。各面をどのように紙上に配するのかという検討も，対象となった石器そのものの性格を探る契機となったろう。今日のように手軽にコピーを使い回しすることができず，その都度トレース原図を作成する必要があったことも，図の変化を導く現実的な要因となったかもしれない。

　『岩宿遺跡』以前の速報では剥片類で打瘤（バルブ）やリングとフイッシャーなど，剥片製であることを示す主要剥離面（裏面・腹面）側のみが図示されている（杉原 1953）。こうした傾向は千葉県丸山（杉原・大塚 1955）や東京都茂呂（杉原ほか 1959）など，この時期の杉原にかかわる

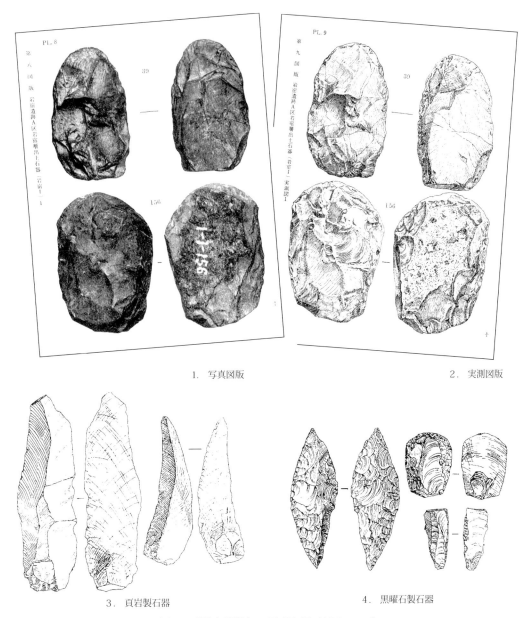

1. 写真図版　　　　2. 実測図版

3. 頁岩製石器　　　　4. 黒曜石製石器

図10　『岩宿遺跡』の写真と図（杉原1956b）

遺跡の研究報告に共通して認められる。第2次大戦前に学界で「旧石器時代」の疑いのある石器が話題となった際に，打瘤の有無が指摘されたことがある（山内1936：35）。打瘤の明確な主要剝離面を示した丸山や茂呂遺跡の石器図は，まずそれが確かに人工品であるという周知からはじめねばならなかった研究史的な事情を反映しているのだろう。

　黒曜石の功績　『岩宿遺跡』の実測図は基本的に陰影表現であり，写真を補完する性格である。しかし岩宿の石器は石材が多岐にわたる。「ハンドアックス」を含む「岩宿Ⅰ」の頁岩製石器は風化もしやすく，打撃現象が抽出しにくい。必然的に線を交叉させて影をつける立体物としての

表現をとることになる（図10 - 2・3）。その一方で尖頭器をはじめとする黒曜石製石器群では，陰影の線が打撃のリングとほぼ一致している（4）。天然ガラスの黒曜石はあまり風化もせず，リングやフィッシャーなどの打撃現象が明瞭に現れる。立体表現としての線描でも，そのままリング・フィッシャーを上書きする結果となっている。

　1950年代に報告された東京都熊ノ郷・殿ヶ谷戸（吉田1952）・埼玉県秩父吉丸（佐藤・小林1953）・長野県八島（戸沢1958），東京都茂呂（杉原ほか1959）や北海道白滝（吉崎1959）では使用石材が黒曜石を主体としている。さらに岩宿をはじめとして黒曜石製石器が少量でも含まれる資料を加えれば，この時期に調査された遺跡の大半が該当する。茂呂遺跡の表現について加藤秀之の論考もあるが（加藤2002），日本の石器図が技術表現に帰結する背景にこうした黒曜石の石器群があり，その製作技術に着目した松沢亜生の存在がある（松沢1959・1960a・1960b・田中1991）。

　松沢は人間の石器製作の意志は「工程」のなかに示されているとした（松沢1959：2）。分析対象に選んだのも長野県梨久保や北踊場遺跡の黒曜石製尖頭器である。多数の剝離面の覆う尖頭器であるが，観察に適した石材を得て隣り合う剝離痕の「切断関係」による時間差を追求した。松沢は尖頭器の表裏を分け，リングをいれた技術表現の実測図（図11 - a），剝離痕の稜線に時間差の記号を入れた図（b），さらにそれをいくつかのグループにまとめた図（c）の，幾段階かの図をとおして，複雑な尖頭器製作の最終工程を具体的に復原しようとした（松沢1959）。

　松沢の目指したものは作図のための研究そのものではない。しかし剝離の時間差を知るという視点が，必然的に図にも反映される。実測図が石器の上に示された「技術」を描写するものとして捉えられ，その結果自ずと剝離痕を影で埋めるという作業が退けられた。松沢はさらに自ら実験的に石器製作を行い，実資料とを比較し検討する。樋口や大山が試みた製作実験は，戦後に松

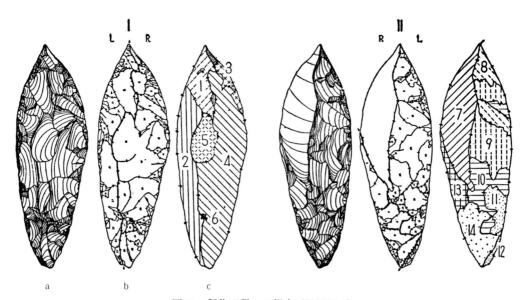

図11　製作工程への視点（松沢1959）

沢の研究を介在しながら，徐々に本格的な実測図へと結びついていった。

砂川遺跡の実践　杉原荘介はヨーロッパの先史考古学における Industry を Culture に読み換えた（杉原 1956a）。石器に示された技術的特性は「文化」に至るという意識が，岩宿発見時から形成されていった。「剝片剝離技術」・「調整加工技術」など，「技術」は特に 1960 年代以降の先土器時代研究のキーワードとなっていく。

技術主導が定着する契機は，埼玉県砂川遺跡における実践的成果にあろう（戸沢 1968）。砂川遺跡では先土器時代の石器がローム層中に一定のまとまりをもって出土した。主体となったチャートや粘板岩製の石器は，黒曜石よりも一個の原石の単位である「母岩」の識別が容易である。単体では限界のあった「剝片剝離技術」の工程が，複数個体による接合資料という実体となって立ち現れた。

砂川遺跡ではまず接合の作業順に，単体の石器から徐々に原石方向へと接合する工程図として示された（図 12）。リングは剝離方向を示す主体であるから，陰影表現を排除し簡明に入れられている。こうして原材の両端を打面として 180 度異なる「方向」から剝離されるという特徴が図化され，「砂川型刃器技法」が有無を言わせぬ実資料によって提唱された。

砂川での高い問題意識は，石器の技術的視点が居住の問題にまで発展し得る可能性を示した。一方図に限ればリングは打撃方向の指標として描くことが定着したものの，剝離の時間差による描き分けやフィッシャーの役割については重視されていない。次の月見野につながる模式化の方向がすでに現われている。また面配置においてもナイフ形石器図に認められるように，茂呂遺跡

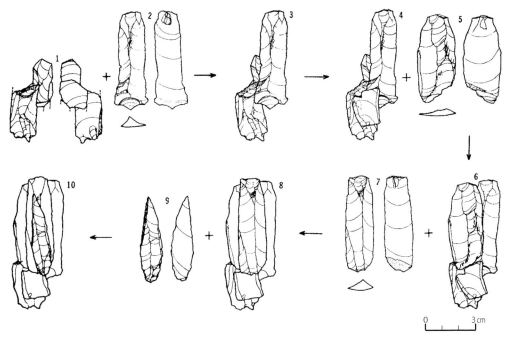

図 12　砂川遺跡の接合図（戸沢 1968）

第Ⅰ章 石器実測図の歴史

などと同じく左右の側面図をすべて正・裏面の間に置いたために，結果的に正投影図第1と第3角法とが混在することになった。

　岩宿以降，石器のみの時代の報告が増加し，実測図についても一定の規格化を図ろうとする動きが出てきた。投影法を含めて，作図表現の統一を進めたのが大井晴男である。大井は投影法は正投影図第3角法，剥離の稜線は実線，リングとフィッシャーは点線で描いて区別することを提唱している（大井1966）。また滝沢浩は作られた製品の長軸ではなく，もとの素材との関係に応じて各面の置き方を変える工夫もしている（滝沢1964）。

月見野と野川　1960年代末から70年代にかけての先土器時代研究は，砂川に代表される技術的視点の拡大である。砂川以降，神奈川県月見野・東京都野川等の大規模遺跡が登場し，出土面と出土層が広がったことで編年に加え集落までもが論じられるようになった。一方月見野と野川という2大遺跡は，石器実測図のあり方において異なる展開を示した。

　図13には両遺跡の図を，黒曜石製とそれ以外に分けて比較した。月見野の実測図（明治大学考古学研究室・月見野遺跡調査団1969）は砂川を経て，石器の個体差を意識的に排除する傾向が明確になった（1）。前述のように黒曜石は打撃現象のお手本だが，それでも月見野ではフィッシャーはほとんど描かれず，リングも最小限のものが機械的に並んでいる。その他の石材製も同様であ

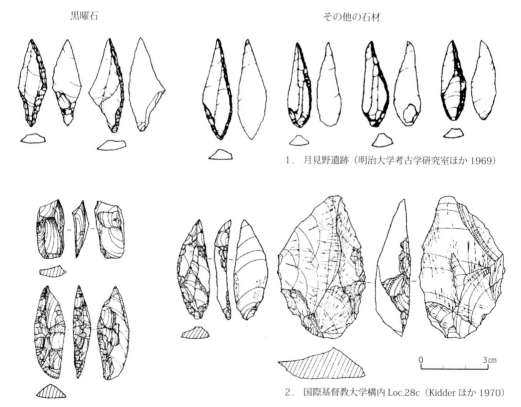

1．月見野遺跡（明治大学考古学研究室ほか1969）

2．国際基督教大学構内 Loc.28c（Kidderほか1970）

図13　類型化と個体差

る。その結果は見やすいという反面，剝離の時間差も部位の違いも読み取れない。時代も石材も異なるにもかかわらず非常に規格化され，石器群相互がきわめて類縁関係にあるという印象を持つ。この頃より盛んになるナイフ形石器の類型的研究の影響がうかがえる。

確かに実測図は技術主体である。しかし石材や風化など，現にある個体差を全く捨象してしまっていいものか，その一つの解答が野川遺跡（国際基督教大学構内 Loc.28c）である（Kidder・小山・小田・白石 1970）。実測を行った小田静夫の図は（2），技術表現ではあってもあくまで個体差に基いた実測図である。黒曜石はリングもフィッシャーもやや多めに実線で描かれるが，その他の石材ではリングは少なめでフィッシャーも破線状になっている。それは岩宿以来，黒曜石とそれ以外の石材に対する，自然の個体差に従った結果である。またリングの径やフィッシャーの位置と粗密も，剝離面ごとの差異を踏まえている点も特筆される。

対象を類型的に捉える場合もある。しかしそれは基本的に研究段階での作業であって，実体を提示すべき実測図にはそぐわない。一方，小田のように個体差を反映しようとしても石材も風化の度合いも千差万別で，図化の厳密な基準は定めがたい。その点は主観的にならざるを得ないのも事実である。しかし本来同じ石器はひとつもない。打製現象のリングとフィッシャーには部位による違いや複数面の時間差があり，原理は同じでも石材によっても現れ方に差異がある。使用時の衝撃や摩耗にも同じものはない。個体差こそ研究の原資であって，ならば過不足なく個々の情報を盛り込む努力が実測図に求められている。

小田静夫は 70 年代以降の石器実測図の基礎を形作った。言葉は尽くされなくとも，図が雄弁に物語っている。個体差に基づいた実測図には近世以来のリアリズムも，松沢亜生が取り組んだ製作工程の要素も含まれていた。つまりこの国の石器実測図がたどってきた歴史の延長線上にあった。出土する石器は微細な細片に至るまですべて異なる。資料の個体差を重視し，肉眼で観察した特徴が研究者の眼を通して図化される，日本的な石器実測図のひとつの到達点がここにある。ただそれから半世紀近く経た現在，研究の進展に伴って再検討すべき点はないのだろうか。今後を展望する意味で最後にその問題に触れておこう。

描画面の増加　まず石器はどこまで描かれるべきだろうか。当然研究の展開によって追加すべき情報も生じるから，ここまでという範囲は限定できない。しかし明らかに変化してきた点がある。それが描画面の増加である。図 14 のグラフには 1959 年の東京都茂呂遺跡から 1995 年の埼玉県横田遺跡まで，ほぼ 10 年ごとに計 5 遺跡の報告書を選んで，ひとつの石器について何面描かれてきたかの傾向を示した。

岩宿で正・裏の 2 面のみであった図は茂呂の特にナイフ形石器で，ひとつの側面が加わる 3 面が示される（杉原ほか 1959）。素材となる縦長の「ブレイド・フレイク」との関連から，製品の側面も示されるようになったのだろう。側面は 1 面のみに限られたから，左右どちらを描いても正面・裏面の中間に置かれた。1968 年の砂川のころから，今度は石刃の特徴である台形の横断面が

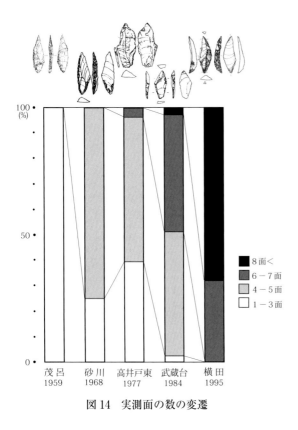

図14 実測面の数の変遷

加わり，正・裏・1側・1横断面の4面図示が基本となる（戸沢1968）。横断面は主に最大幅の部分が選ばれたから，どの位置の断面かを示す指示線は記されないことが多かった。

小田の図を含めて70年代以降の実測図の発展方向は，まさに正・裏面を主体とした面以外の情報をどのように図に取り込むのかという点に集約された。1977年の高井戸東は描画面の数こそ砂川と大差ないが，描かれる部位が石器の種類によって異なっている（高井戸東遺跡調査会1977）。個別の問題点が見出されていく過程であり，標準化の途上にあると言える。1984年の武蔵台になると，6面以上描かれるものが半数に増える。8面を超えるものもある（都立府中病院内遺跡調査会1984）。描画面の増加は可能な限り情報を提供しようとする意識の表れであるとともに，研究の視点が細部に広がったことを意味する。それ以前にはほとんど描写されなかった破損面・折断面はこの前後から図化が一般化するが，破損の痕跡に一定の規則性を探ろうとする機能・用途論の動向と無縁ではない。

80年代後半には石器実測図として主に描く範囲が，正面・裏面・左側面・右側面と，中央部付近の横断面を加えた5面が基本となる。その前提から、正面と裏面，左側面と右側面の外形はどちらかをなぞって反転させるという作業上の工夫も生まれた。描画面が増加すれば一定の決まりに従って配置する必要性が生じる。かつて大井が主張したように，徐々に正投影図第3角法が取り入れられていく。80年代に入って著された解説書には，まず正投影図の配置図が冒頭に掲げられるのである（加藤・鶴丸1980）。

補助投影図・標示記号　ナイフ形石器や尖頭器のような細長い形状の石器は，狭長な石刃からも肉厚な幅広剥片からも作られる。縦長の石刃は湾曲する場合が多く，それを知るには横断面以上に縦断面が重要となる。また剥離角を知り，得られた剥片のプロポーションを伝えるためにも打面から打点を通過する長軸上の形状を抜き出す必要があった。こうして縦断面図が加えられる。横断面も従来の中央部のみならず，作りの違いが予想される上部（先端部）から下部（基部）付近の各部分が抜き出されて，図の情報はさらに充実していった。1995年刊行の横田では5面以下の図が姿を消し，正・裏・2側・3横断・1縦断の計8面図示が基本形となった（埼玉県埋蔵文

化財調査事業団 1995b）。加えて従来も行われてきた彫器や削器類の刻面・刃部，破損面や打面・加工面等の，基本形で充分に表示しきれない範囲も補助投影図として加わるから，多いものでは10面前後描かれることもある。そして剥片の縁辺に残る微細な刃こぼれなど，図で表現しにくい痕跡にはさらに標示記号が併用された。

　1980年代後半になると公文書の規格が変わり，発掘調査の大半を占める行政調査の報告書もＢ５判からＡ４判に拡大した。資料は原寸大で提示することは理想だが，容量と仕上がりの点で現実的ではない。判の拡大によって石器図も2/3縮尺から4/5縮尺という大きさで図示できるようになった。小林行雄らが重視した原寸大の情報は石器の場合，まさに原寸に近い実測図として実現した。

　写真画像　図の歴史について述べてきたが，実測図がすべてを伝え得るわけではない。その最たるものが写真の情報である。実測図に立体はなく，実体に則してもそのものを写し出すわけではない。当然それは写真画像に負う分野である。本来図と写真は特性が異なり，だからこそ意味があると，そういう認識が続いてきた。しかし今日のデジタル機器の発達は目覚ましく，高精細な画像を線に変換するソフトも登場している。クリック一つで簡便に実測図らしく処理できれば，アナログな作業など時代錯誤に思える。その懸念が現実化している。

　繰り返すが実測の目的は研究者が実物に直接接し，そこから情報を抽出するための臨床行為であり，訓練である。図はその結果にすぎない。最新機器による3Dデータの活用も（早稲田大学総合人文科学研究センター 2016），実測との違いをわきまえる研究者にとってのみ真に有効なものである。その認識を誤って客観性と利便性に走れば，機器をとおして量産される膨大なデータ処理に適するのはおそらく人間ではなくAIであろう。

　今日国内で行われる年間1万件近い発掘調査の9割は，開発によって生じた緊急調査である。調査後に遺跡が消滅することと引き換えに，記録を保存するという考え方である。残らない遺跡にくらべれば掘り出された遺物は手元にあるから，理屈の上では何度でも図化することは可能だが，実情は調査後に義務づけられる報告書作成時のただ一度，出土物のごく一部が実測されるのみである。記録保存と公開という文化財保護の観点からも，公表される図の内容が問われざるを得ない。

　我々の石器実測図は近世の貞幹や石亭にはじまり，近代のモースや雲外をもった。彼らは自ら実物と対峙し作図した。そこで対象についての問題意識が自然に培われた。その後実務派の大考古学者ペトリーの薫陶を受けた浜田耕作の京大学派を経て，第2次大戦後の先土器時代の発見となる。石器には陰影表現ではなく技術表現が必要だと画期的な変化をもたらしたのも，実測を行う研究者自らである。実際に石器を手にし実測をすることで育まれ，鍛え上げられた眼がさらあらたな問題意識をもって描き出す。研究と実測とが一体のものであることを知る，2世紀余に及ぶ日本の石器実測図史がある。

第Ⅱ章　実　　技

1. 石器実測図の原則

前章研究史を踏まえ，石器実測図の原則をまとめてみよう。
　（1）敲打や研磨による物理現象を技術的視点で図化する。
　（2）個体差に留意する。
　（3）補助投影図・標示記号を併用する。
　（4）正投影図第3角法を基本に配置する。

考古資料は現代の工業製品のような厳密な規格を持たないから，伝えるべき情報は個体によって差がある。基本的な面配置は正投影図第3角法に基づいても，それですべて網羅できるわけではない。個々の資料に応じて情報が最もよく伝わる方法を工夫しなければならない。本書はその基本原則についての解説であり，自ら繰り返し実践しながら，より良いものへと昇華していくことが望ましい。作業の順番に従いながら，以下に説明していきたい。

〈1〉各面の名称

実技の解説に入る前に，基本となる正投影図第3角法の配置とその名称について確認しておく。3次元の立体物を2次元の平面に置き換えるのが投影図である。第1と第3角法があり，相互に左右側面の位置が異なる。図15には第3角法の配置と名称を掲げた。第3角法はJIS規格に則った，日本の工業製図の基本である（日本規格協会1984）。これを基に石器実測図に対応したものが図16である。各部の配置と名称を，ぬいぐるみのイラスト（1）と実測図（2）とで示した。

1・2ともに作図面と各面の関連を示す指示線により成り立っている。漢字表記が面，a～eのアルファベットが指示線である。作図は正面・裏面・上面・下面・左右側面の6面が基本面であり，白抜きの縦・横断面図や特定の部分のみを抜き出したものを「補助投影図」としておく。基本面と補助投影図は必ず指示線によって相互を関連づける。裏面は剥片ならば，「主要剥離面 Main flake surface」や「腹面

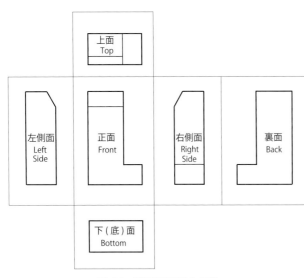

図15　正投影図第3角法

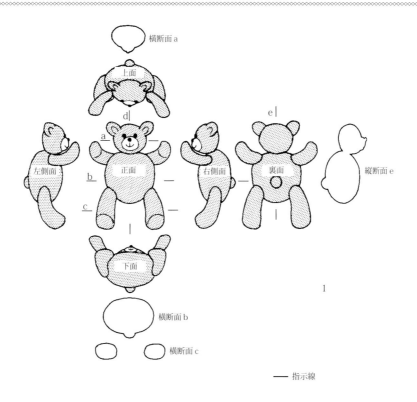
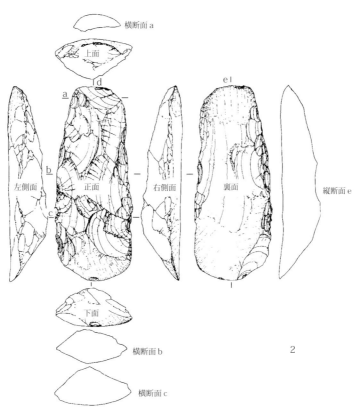

図 16　各面の配置

第Ⅱ章　実　技

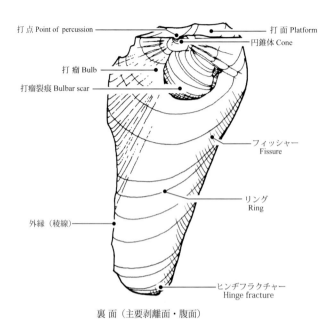

図17　剥離痕の名称

Ventral surface」と呼ばれることもある。

　正面図にかかる水平方向の指示線 a は，その線上で輪切りをした形状を横断面 a の位置に抜き出している。指示線 b は各面の配置を決める役割をし，この b を「基準指示線」と呼ぶ。それよりも上にある a の横断面は上面の上に置かれ，b・c の横断面はそれぞれ下面の下に置かれる。正面に付された指示線 d は，断面ではなく全体を見通した上面あるいは下面との関係を示すマークである。この場合例えば石核であれば，打面のみを抜き出して図化することもある。こうした点が純粋に工業製図の規定が及ばない，考古資料に即した性格である。裏面 e の垂直方向の指示線は縦断面 e に関係する。横・縦断面図の向きは正投影図第3角法に準ずる。

　基本面を貫く基準指示線 b は図化された正面・裏面・左右側面が，ひとつの対象を投影したものであることを示している。現在では正面図の左右のみに指示線を限る実測図も見受けられるが，今日のように図化する面が増加し，1頁に多数の図をレイアウトすると各面の帰属がわかりにくくなる。過去の図においても複数面を投影する際には，各面間を b のような基準となる線を通して結びつきを示してきた。わかりやすさの点でも線を加えることを推奨したい。

〈2〉　剥離痕の名称

　次に打撃による剥離痕の名称についても触れておきたい。図17には現象全体が残る「裏面（主要剥離面・腹面）」を示した。

　まず上から順に，打撃を受けたもとの石核の一部である「打面 Platform」がある。この打面に対して加えられた打撃は，頂点にある「打点 Point of percussion」から「円錐体 Cone」を生じ，力を波のように伝えながら山すそに向かって割れ目を作っていく。円錐体の下には「打瘤 Bulb」と呼ばれるふくらみと，それを削ぐような「打瘤裂痕 Bulbar scar」を生じる場合がある。こうした一連の力は，波の凹凸のような「リング Ring」によってたどることができる。リングの径は打点に近いほど小さく，末部に行くほど大きくなる。その原則を常に念頭に置く。リングに対してほぼ直角に交わる，主に剥片の縁辺に顕著な線状の亀裂が「フィッシャー Fissure」である。打撃はリングとフィッシャーを生じながら力を伝え，最後の末端に至って固体が切り離される。

その末端に生じることが多いのが階段状の剝離や，ドアの蝶番 Hinge のような丸みをもつ「ヒンヂフラクチャー Hinge fracture」である。こうした痕跡は剝片の部位を示す指標となる。一回の打撃によって分離した剝片の外縁は，もとの石核や石器本体での稜線となる。ポジとネガの関係である。

2. 外形から稜線まで

〈1〉実測用具

それでは実際に図を描いてみよう。図は大きくふたつの手順で作成される。元図となる下図と，それに墨入れしたトレース図である。

まず下図を作成するための主要な用具を図18に示した。用紙にはＢ５かＡ４サイズのケント紙か方眼紙がある（①）。筆者はトレース時に罫線が邪魔にならないケント紙を用いている。基準線を引く三角定規2本（②），部位によって使い分ける2H・3Hなど，硬さの異なる鉛筆を2,

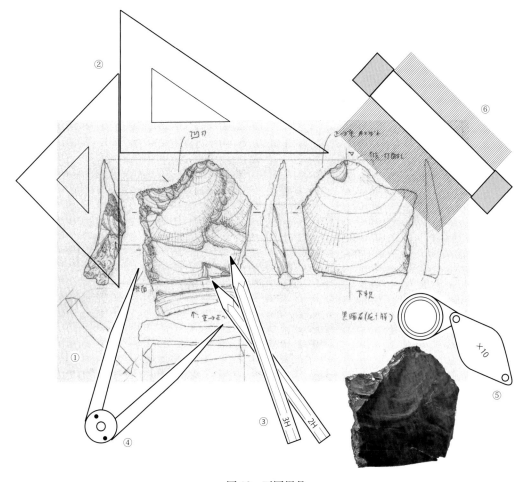

図18　下図用具

3種類（③），デバイダー（④），倍率10倍程度のルーペ（⑤）である。⑥の断面用のマコーは市販されてもいるが，身近な材料で簡単に作ることができる。まず10cm程度の長さに対応できるよう，100本程度の木綿針を幅2cmくらいの板にすき間なく並べる。それをもうひとつの板で挟んで，両端をテープや輪ゴムで止めるだけである。挟む板は割り箸でもよい。針が抜け落ちないよう，針と板との間には布のクッションを敷く。仮止めをして動きを調整しながら，最終的に固定するとよい。その他にも消しゴム，ナイフやカッター，石器を用紙に固定する際の練り消しゴムか粘土，転写用のトレーシングペーパー，短い三角スケールなどもあると便利である。

さらにトレース時には後述するトレーシングペーパー，Gペン・丸ペン（太さの異なるもの3種類），黒の製図用インクが必要となる。Gペン・丸ペンなどのつけペンに代わって，ロットリングを使用する場合もある。この他にもトレースの修正用として白の修正液か砂消しゴム，はがせるテープ，ペン先を研ぐオイルストーンか紙やすりなども欲しい。こうした用具は1世紀前のペトリーや浜田耕作の頃と大差ない。

〈2〉置き方

最初に紙の上に石器をどのように置くのかということは，簡単なようで実はむずかしい。実測する石器が一体どんな道具だったのか，本当のところは作った古代人にしかわからない。従って置き方の厳密なルールを定めにくい。慣用的に正面には，尖頭器のような両面加工の石器であれば加工の整った面や凸面を置く。自然面の多く残る石器もそちらを正面とするが，これは石の表皮側の方が凸面で，整った加工であることも多いからだろう。細長い石器は中心の長軸を立て，石斧や搔器類は機能部と推定される刃部を下に置く。剝片や剝片部を多く残す石器は主要剝離面・腹面側を裏面とし，打点方向を上にして打面の両端が水平になる位置に置くといったところである。個々の事例は巻末の集成図を参照していただきたい。

配置が決まれば石器の裏面側に練り消しゴムや粘土をつけ，正面図が位置する紙の左半に固定する。その際に重要なのは傾きである。図19のように石器正面の中心軸が用紙と垂直・平行になるように置くが，その際には同時に，側面や下面での傾きにも留意しなければならない。投影図では正面の置き方

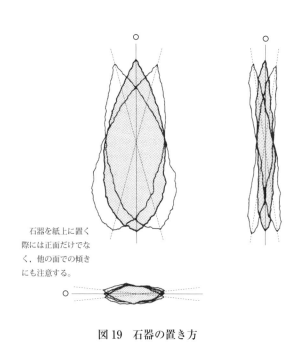

石器を紙上に置く際には正面だけでなく，他の面での傾きにも注意する。

図19　石器の置き方

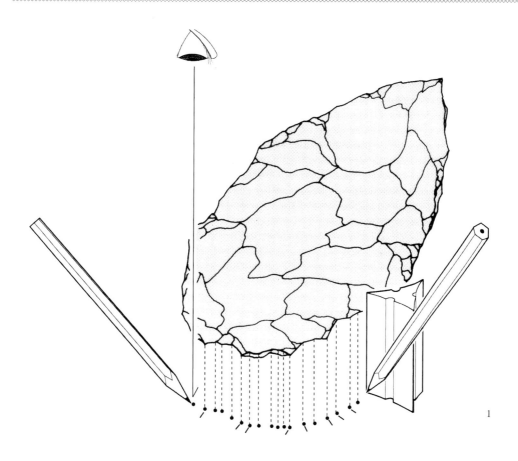

紙面に三角スケール類を立てたり，肉眼で石器の外形に沿って，垂直に測点を移動させながら点を打つ。特徴のある箇所にヒゲをつけて，後の作業の目安とする。

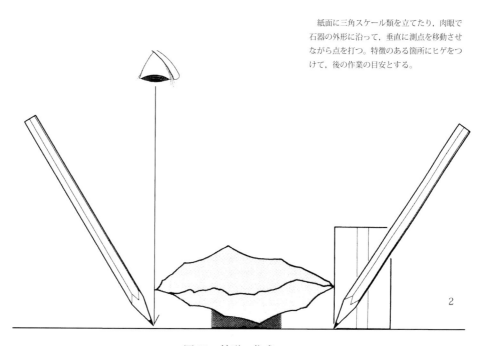

図20　外形の作成

第Ⅱ章　実　技

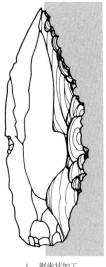
1. 鋸歯状加工

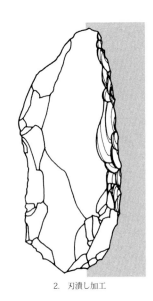
2. 刃潰し加工

ナイフ形石器（埼玉・殿山遺跡）

図21　加工の違い

が他の面に連動して，すべて決まってしまうからである。

〈3〉外形を描く

　最初に正面外形を描く。鉛筆は硬さの異なるものを2，3種類用意する。筆者は2Hを外形と稜線に，3Hをリングとフィッシャーに用いている。鉛筆はナイフで先端を常によく尖らしておく必要がある。石器の縁に三角スケールや三角定規を垂直にあてて移動させながら，鉛筆で測点を紙上に落とす（図20－1）。点の間隔は石器によっても異なるが，あまり細かく打ってもエッジを再現しにくいし，空きすぎると実体より滑らかな外形になる。図は最終的に線で表現するのだから，実物に即して線を生かせる点の位置と間隔に留意しなければならない。

　剝離の稜線や凹凸の目立つ部分など，ポイントになる箇所には目印のヒゲ（1）をつけておく。こうしたヒゲは後に稜線を描く場合も，側面を合わせる時にも役に立つ。慣れてきたら左右どちらかの「利き目」のみで，めざす石器の側縁と常に垂直になる位置に目を移動しながら点を落とす。その確認と補正に限定して定規類を用いるようになれば，作業時間が短縮できる（2）。

　点が一周したら必ず横に石器を置いて，外形の凹凸を実物で確認しながら線で結んで行く。線は明瞭に引く。注意すべきは細部の加工である。同じ時期の石器にも，図21－1のように一側縁を意図的に鋸歯状に加工するものと，2のように刃をつぶして滑らかにしてしまうものまである。加工の程度は石器によって違いがある。その微妙な違いを読み取って図に反映させなければならない。

　外形は1mm違えば印象が異なってくる。小形石器であるほどそのズレは大きい。また石器の鋭いエッジは下図もトレース時でも，筆記具を介するとどうしてもやや丸みを帯びてしまう。エッジを強調するように意識して描く方がよい。

〈4〉稜線を描く

　正面外形ができたら剝離痕の外縁である稜線を描く。一回の打撃による剝離の稜線は，隣り合う剝離との時間差を示す重要な痕跡である。リングやフィッシャーもその剝離内での現象であり，正確な稜線はそれのみでも剝離の新旧を知ることができる。

　複数の剝離痕が交わる箇所や特徴のある箇所を選んで，デバイダーの一方をその測点（A）に

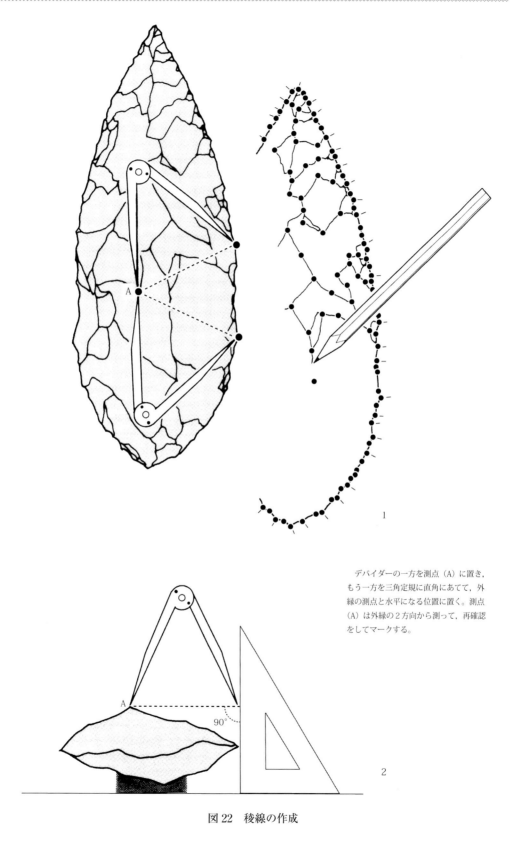

デバイダーの一方を測点（A）に置き，もう一方を三角定規に直角にあてて，外縁の測点と水平になる位置に置く。測点（A）は外縁の2方向から測って，再確認をしてマークする。

図22　稜線の作成

第Ⅱ章 実 技

接して，もう一方は外縁の特徴ある箇所に置く（図22－1）。外縁の方は側点（A）と平行になるように，三角定規等で補助して針先を浮かす（2）。記したAの位置は必ず石器外縁の複数箇所からデバイダーで再確認する。外形と同じく，目測に慣れれば定規類は確認用に限定できる。こうして点を打ちながら鉛筆で線を結び，つなげて行く。この作業を繰り返して稜線が完成する。この段階で主要な稜線に，剥離の新旧関係を示すマーク（○－）を記しておくとその後の作業に便利である（松沢1959）。

3. リングとフィッシャーからトレースまで

〈1〉リングとフィッシャーの原則

稜線が完成したら，いよいよリングとフィッシャーである。作図の点から再度，物理現象の原則を確認しておこう。

ハンマーが小さな接触面（打点）で固体の中央に衝突すると亀裂が内部へ広がり，鈍角の円錐体となって分離する（図23－1）。この円錐体は発見者の名前をとって「ヘルツ・コーン Hertzian cone」と呼ばれている。石器製作では通常，打撃は石核や石器の縁辺に加えられる。打面への打撃によって力が波のように伝わり，そこに生じるのが「割れ円錐」である（2）。割れ円錐は最初に力の大きい打点直下で本体の石核方向に広がり，その後押し戻される。この凹凸が打瘤を生む。その後また石核方面に向かい，最後に剥片として分離する際にヒンヂフラクチャーや階段状に戻ろうとする性質がある。剥片の主要剥離面（裏面・腹面）にはポジティブに，石核

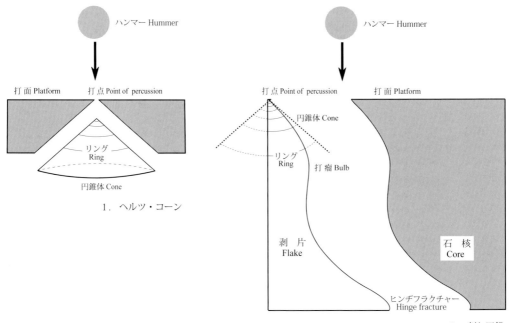

図23 打撃の原理

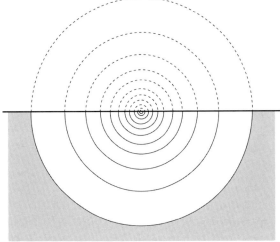

力は波のように広がる。この波がリングである。打点に近いほどリングの径は小さく、遠ざかるにつれて大きくなる。

1. 波紋の広がり

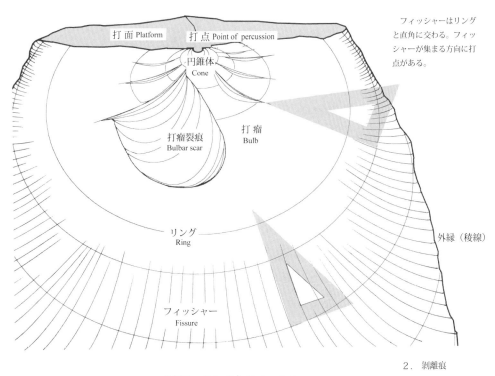

フィッシャーはリングと直角に交わる。フィッシャーが集まる方向に打点がある。

打面 Platform　打点 Point of percussion
円錐体 Cone
打瘤裂痕 Bulbar scar
打瘤 Bulb
リング Ring
外縁（稜線）
フィッシャー Fissure

2. 剝離痕

図24　リングとフィッシャー

第Ⅱ章 実技

には同一のネガティブな痕跡となる。こうした割れ円錐の一連の過程を見きわめ，現象を線に置き換える。

今度は平面から見てみよう。水面に石を投じると落下点から波紋が徐々に同心円状に広がる（図24－1）。衝撃の大きい着水点ほど波紋の径は小さく高低差も大きい。そこから遠ざかるにつれ，大きな径と高低差の小さな波になる。これらを割れ円錐での現象と重ねて，リングとフィッシャーとして表現してみよう。

2のように割れ円錐はまず打点下の小さな径のリングで始まり，同心円状に広がって行く。リングが打瘤をつくる過程で，打撃の程度や材質の状態によって生じたゆがみや亀裂から，打瘤を削る打瘤裂痕を生じることがある。打瘤や打瘤裂痕の存在は，剥片の打点付近を使用しているかどうかの決め手となる。図化でまず留意すべき点である。さらに打瘤から遠ざかるほど凹凸が減じ，リングもより大きな径となる。そしてこうした広がるリングに反発するように，直角に交わる亀裂がフィッシャーである。円錐体のリングを正透視すれば，そこに直交するフィッシャーもまた弧を描く。

ではリングはどのような間隔で引かれるべきなのだろうか。しかしこれも確たる決まりはない。リングは力が伝わる際に生じる波の凹凸だから，一本一本の正しい位置というものはない。剥離面を割れ円錐による高低差とみれば，地形図の等高線が一つの目安になる。図25－1のように高低を一定の高さで線化し平面で見ると，山の頂点から徐々に傾斜し始め（A），落差が大きくなると間隔が狭くなり（B），そして傾きが減じてやや広がり（C），その後緩斜面が続くようになると線の間隔も広くなる（D）。これを実際の石器にあてはめてみよう。

2に示した写真は黒曜石製石器の主要剥離面である。打点から矢印方向へのポジティブな剥離面が示されている。3には面の高低差を1mm単位の等高線で示した。線は複雑にうねるが，やはり山の頂点にあたる打点から打瘤付近のAはやや間隔が広く，打瘤の終わるB付近で線は一旦密になり，やがてC付近で傾斜が戻り，間隔の広いDの緩斜面が続き，末端は高低差が大きく，線は最も密に重なる。

3の等高線には本体の材質による影響もそのまま反映されている。一方実測図は石器に残る技術を抽出しリング等によって表現するものだが，それは面の凹凸にまぎれている。そこでリングと面とを整理し統合する必要があり，それを示したものが4である。リングは剥離面の凹凸に概ね添うが必ずしも一致しない。材質のうねりを正確に再現するのではなく，あくまで打撃現象として捉え直すからである。割れ円錐の同心円は最小径の打点から始まり，A～Cのリングの間隔の広狭により打瘤とその屈曲部を表出させている。間隔の広い緩斜面のDは末端にヒンヂフラクチャーを生じ，等高線と同様リングも密に入る。等高線での材質の個体差は，リングのなかにその意図を損なわない程度に反映される。等高線からリングに代わると通常，線数は減少する。そこに厳密な規則性はないが，表面の凹凸もあくまで打撃の観点から取捨選択したリングの線と

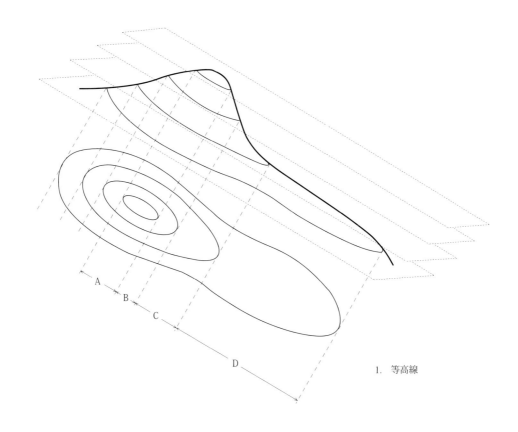

1. 等高線

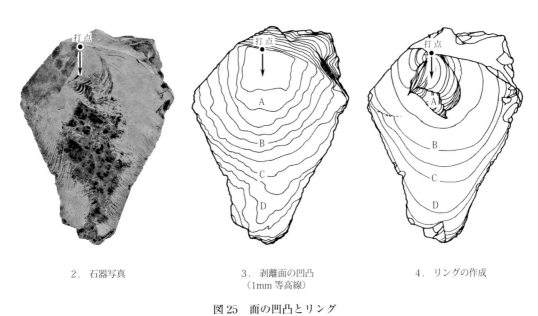

2. 石器写真　　　3. 剥離面の凹凸　　　4. リングの作成
　　　　　　　　　（1mm 等高線）

図 25　面の凹凸とリング

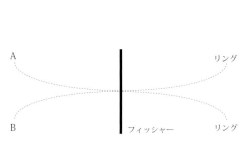 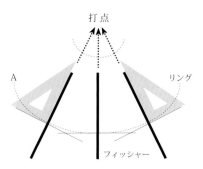

1. フィッシャーに対するリングの2方向　　2. 求心的なフィッシャーに対するリングの方向

図26　リングの方向

なるのである。

〈2〉打撃方向の推定

　慣れない実測者を悩ませるのは石材や風化，及び部位によるリングとフィッシャーのわかりにくさである。

　リングとフィッシャーは打撃の現象として，材質に関わらず本来全面に広がっているはずである。それが見えにくい場合でも空白のままでは，資料を手にしていない第三者には判断する材料がない。実測者は残されている現象から導き出さなくてはならない。

　リングやフィッシャーは光の加減で見えにくいことがあるので，まず石器をいろいろな方向にかざして観察する。一般的にリングよりもフィッシャーの方が，部分的に集中して現れることが多い。フィッシャーが見つけられれば，逆にそこからリングを推定することができる。

　リングはフィッシャーに対して直角に交差するから，図26－1のような方向のフィッシャーであればリングはAかBかの2方向のみに限定される。さらに2のように複数のフィッシャーが一方に収斂されるようであれば，集まる先に打点があるA方向にリングが限られることになる。加えて各フィッシャーと直交する線をつなげば，リングの径もある程度判断できる。打点からの距離と特徴によって，打瘤付近から末部に至る部位を知る手掛かりとなる。これを実物に照らしてみよう。

　図27－1の写真は東北地方のいわゆる硬質頁岩製石器の主要剥離面（部分）である。全体に風化も進み，黒曜石に比べればリングとフィッシャーはわかりにくい。2の①～④の黒線は，比較的高低差の明瞭なリングとして認識できる部分である。弧の内側に打撃方向があることは明らかだが切れ切れで，これだけでは不完全である。それを補完するのがフィッシャーである。白線で示したような，面の凹凸に直交する細やかなフィッシャーが認められる。リングの切れるa～cの円の範囲を拡大すると，剥片の末部であるa・bにはヒンヂフラクチャーに対応する短いフィッシャーが密集している。一方腹部のcではやや長めのフィッシャーが切れ切れに認識できる。このフィッシャーに対し，①～④で途切れていたリングを直交して繋いだものが3である。

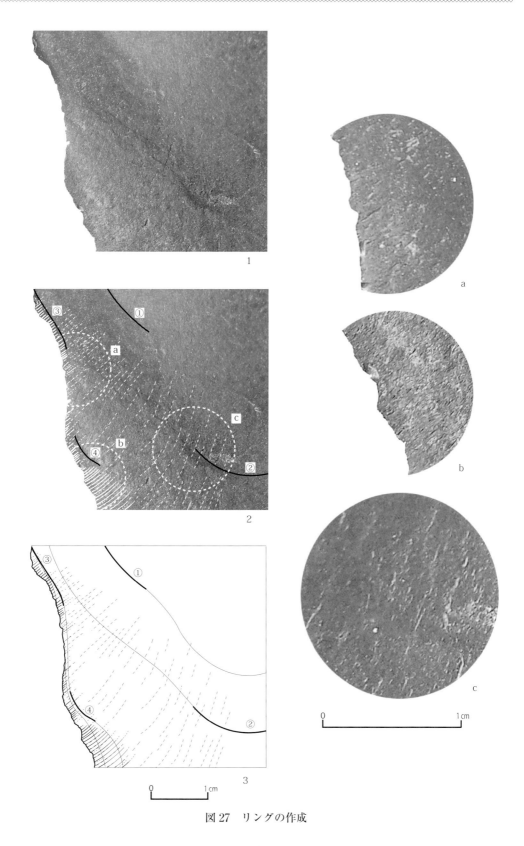

図27　リングの作成

第Ⅱ章　実　技

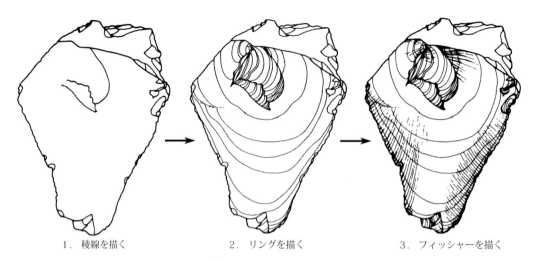

1．稜線を描く　　　　　　2．リングを描く　　　　　　3．フィッシャーを描く

図28　稜線からリング・フィッシャーまで

面の凹凸にうねりながら腹部の①・②はリング同士の間隔が広く，末端の③・④はヒンヂフラクチャーの特徴が反映されて間隔がつまる。

　リングもフィッシャーも本来は全面に複雑に展開する。しかし等高線とリングとの関係でも述べたように，図化にあたっては打撃情報を主眼に，個体差と全体のバランスに応じて線の増減や強弱をつけることになる。

　これまでの工程を示したものが図28である。1の稜線は縁辺や剥離痕の細やかな形状に留意する。2のリングでは打点から末端までの特性を意識し，3のフィッシャーもリングとの関係が前提である。フィッシャーは打点を目指していて，末部ほど顕著であり打点に向かうほど切れ切れで見えにくくなる。だから下図でもトレース時でも，フィッシャーは常に打点の方向を意識して，末部から打点に向けて力が抜けて行くように描く（図29）。

　リングやフィッシャーは石だけではなく，厚手のチョコレートやチーズを断ち割る際にも，固体に加わる圧力の物理現象として観察できる。しかしもっとも明瞭に現れるのはガラスである。だから数ある石材のなかでも天然ガラスの黒曜石こそ，石器に加えられた打撃の詳細を知る最良の見本である。まず黒曜石製の石器を繰り返し実測しながら現象の基本を学び，同じ現象が生じているはずの他の石材へと進むことが望ましい。経験を積むほど石材や状態によらず，自ずと判断できるようになる。

〈3〉剥離の時間差

　一つの剥離痕の特徴と図化の原則を基に，今度は複数面での作業について述べる。複数の剥離面が交差する場合そこには時間差が生じるはずである。リングとフィッシャーによる時間差の原則を図

図29　フィッシャーの描き方

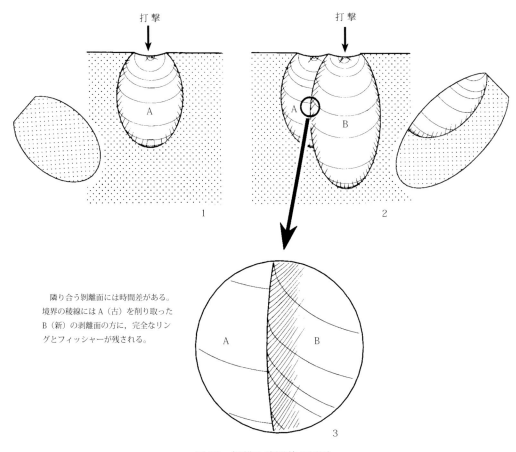

隣り合う剝離面には時間差がある。境界の稜線にはA（古）を削り取ったB（新）の剝離面の方に，完全なリングとフィッシャーが残される。

図30　剝離の時間差の原則

30に示した。

　まず正面への打撃によってAの剝離が行われる（1）。リングは小さな径の打点からはじまり，打瘤から腹部・末部に至るまで欠けることなく揃っている。フィッシャーも外縁をぐるりとふちどるように顕著に現れる。こうしたリングとフィッシャーの残存状態が，一回の剝離によって残された痕跡の表現となる。つぎにAの隣にBが連続して打撃される（2）。BはAの一部を削ぎ落とすようにして剝離され，今度は最も新しいBの剝離痕が完全に残される。その結果，AとBとの境界では削り取られたAのリングは半裁されるのに対して，Bのリングは弧の末端まですべて残存する（3）。Aの外縁に顕著だったフィッシャーも削られ，それに代わってBのフィッシャーが密に刻まれることになる。いわゆる剝離の切り合いである。AからBへという複数の剝離の新旧関係は，こうしてその境界線（稜線）上のリングとフィッシャーの表現のなかに盛り込まれる。

　打撃が他面にも及ぶ場合はどうだろうか。図31の1は正面における剝離面A→B→Cの時間差の描き分けである。その後打撃は上面に移り，D→Eへと進められ，最も新しいEに剝離痕のすべてが欠けることなく残される。また正面のA～Cの剝離痕は上面D・Eの作業によって，それぞれの打点や打瘤の一部が削り取られる。A～Cという正面の剝離全体が，D→Eという上面

第Ⅱ章 実 技

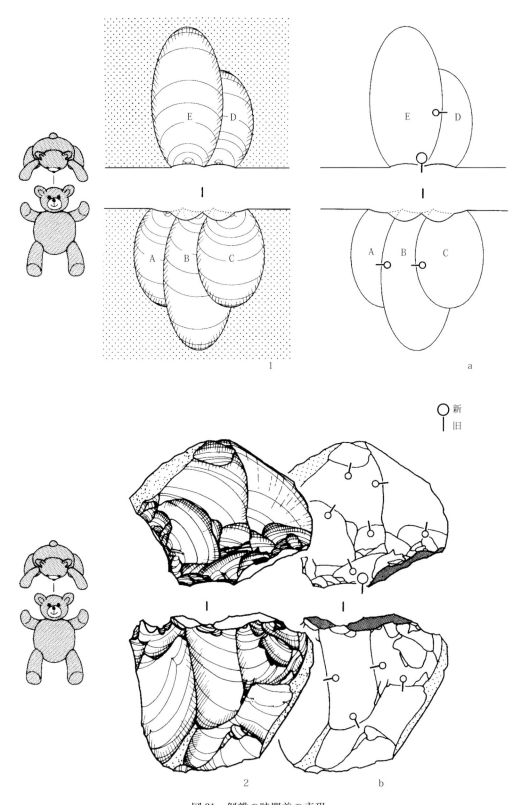

図31 剝離の時間差の表現

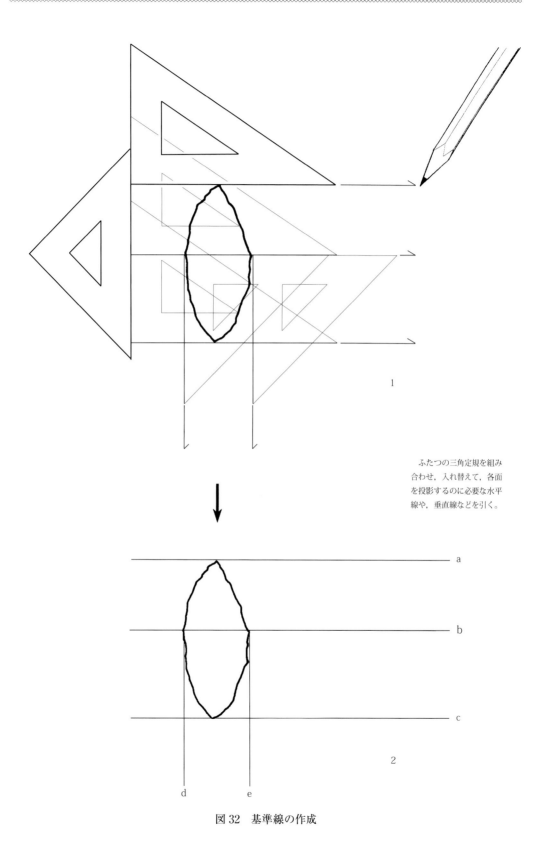

図 32　基準線の作成

第Ⅱ章　実　技

における作業による新旧の時間差をもっている。剝離の切り合いの原則により，除去された部分を考慮して残された部分を表現しなくてはならない。こうした剝離順の包括的な把握には松沢亜生考案の記号が便利である（松沢1959）。aのように「○」のある面が，「｜」の面を切るという新旧関係を明示できる。

　実資料で示してみよう。2は筆者が実測した先土器時代の黒曜石製石核である（富士見市教育委員会1978b）。1と同じく，正面の剝離痕は向かって左の稜線付近にフィッシャーが密に入る傾向があり，左から右方向へと作業が進んだことを表現している。後に加工は上面に移り，やはりリングとフィッシャーから，右から左方向へと打面調整の作業がなされたことがわかる。この上面での剝離によって正面の上部が削られる。1と同じく上面の残存率のよい剝離痕と引き換えに，正面の剝離痕は打点や打瘤付近が削られ，径の大き目なリングが残る。bには剝離面の主な時間差を記号化した。

　当然ながら残されている剝離痕は，その石器の最終的な工程である。すでに除去された部分やあまりに細密な加工の尖頭器などは，リングとフィッシャーのみですべて示すことは困難である。記号や拡大画像も併用する必要がある。

〈4〉基準線の作成

　正面を描いたら他面を描くための基準となる線を引く（図32）。1のように正面の延長上に三角定規ふたつを使って互いに入れ替えながら，作業を行う範囲に平行線や垂直線を設ける。その結果2のように，正面の最上部と最下部に接して裏面・側面用に上下の基準線a・c，さらにa・cの間に横断面図の位置を示すbが引かれる。bと接する正面左右両端をd・eとして，下に垂直に延長する。横断面形はこのb線上の範囲にあるd・e間の正面・裏面の形状になる。これは縦断面形を作成する場合でも同じである。

　これらは作図に要する最低限の線である。投影する面が増加すれば，それに合わせて線を増やす。また，例えば剝片の「剝離角」は打点から末端までの中心線を縦断面図にすることが一般的だが，基準線と直角に指示線が引けるとは限らない。その場合も当然，線は石器に応じた位置に設ける。

〈5〉側面図を描く

　正面図の次に側面図を作成する。正面図の各位置は側面図でも同一線上に並ばなければならない。図33－1のように正面図での目安となる特徴のある箇所を，三角定規で上下の基準線と平行に側面図側に線を伸ばす（●・▲・■・★・◆）。また各面の間隔を正確に揃えるために一定の垂直線を設けることもある（☆）。

　側面図は測点と紙面との距離があり，正面図と同様に最初に設定する石器の位置や向きが重要である。描く面と反対の側面に練り消しゴム等をつけ，向きが片寄らないように注意しながら，正面での線に所定の箇所を合わせて固定する。そして2のように三角定規や目測で外形の点を打

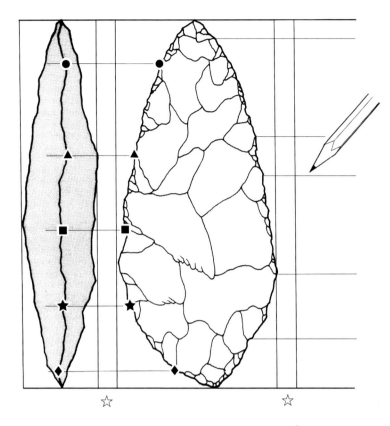

1

正面図の各部が側面図でも同じ位置に来るように線を引き，石器を置く。

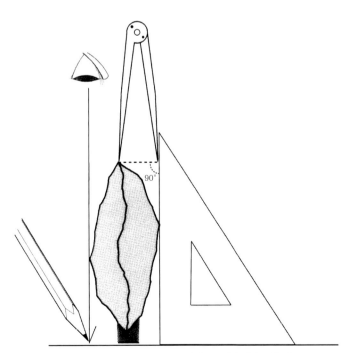

2

外形の時と同じくデバイダーを使って，三角定規や肉眼で確認しながら，側面の外形や中央の稜線を描く。

図33　側面図の作成

第Ⅱ章 実 技

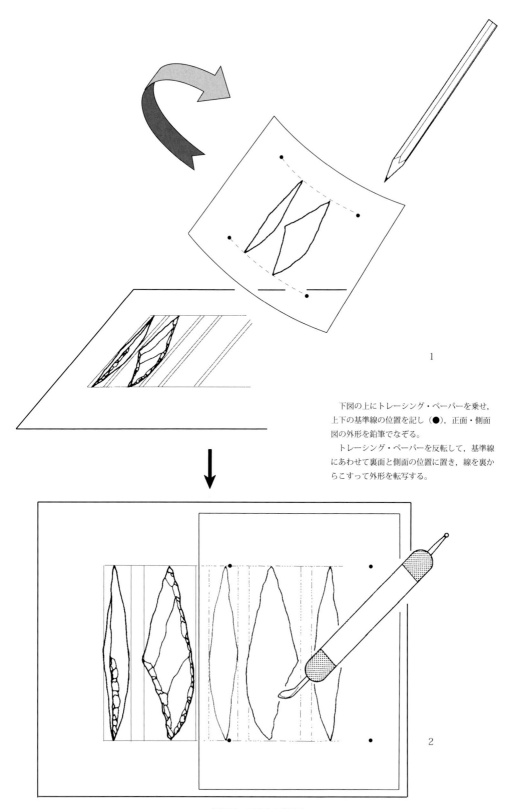

下図の上にトレーシング・ペーパーを乗せ，上下の基準線の位置を記し（●），正面・側面図の外形を鉛筆でなぞる。
　トレーシング・ペーパーを反転して，基準線にあわせて裏面と側面の位置に置き，線を裏からこすって外形を転写する。

図34　下図の転写

ち，線で結ぶ。次いで正面・裏面の境界となる中央の稜線を，また正面図から引いた目安の線を利用しながら，デバイダーと三角定規等を使って描く。

　ナイフ形石器の「刃つぶし加工 Blunting」や削器の刃部など，側面に置いた際に最も状態がわかる 2 次加工部分は，側面図にその剥離の稜線とリング・フィッシャーを入れる。原則に基づきながらも，対象に応じた配置を工夫する。

〈6〉外形の転写

　正投影図は正面に対する裏面，左側面に対する右側面の外形が一体でなければならない。正面と 1 側面を描いたらその上にトレーシングペーパーをのせ，鉛筆で外形をなぞって写す（図 34 − 1）。その際上下の基準線の位置をトレーシングペーパーの方にも記しておく。次にトレーシングペーパーを反転させ，上下の基準線にあわせて所定の位置に置いて，鉄筆状のもので裏から線を転写する（2）。それを鉛筆で再度なぞる。なぞった線はどうしても丸みを帯びやすいので，よく尖らせた鉛筆で注意をしながら明瞭に写し取る。こうして裏面ともう一方の側面の外形ができあがる。正面と同じ作業を繰り返して，稜線・リング・フィッシャーを入れる。

〈7〉断面図を描く

　最後に断面図を作成する。図 32 の要領で 2 本の三角定規を組み合わせて，図 35 − 1 のように断面図をとる場所に指示線（A − A'）を引く。その線にかかる正面の左右両端（a・d）と，目安となる稜線（b・c）の位置を垂直に引き下ろしておく。ついで 2 のように正面図の上に実物を重ねて置き，A − A' 上にマコーをあてて a 〜 d までをかたどる。実物を外してあらかじめ引いてあった a 〜 d の位置にあわせてマコーを置き，得られた形を鉛筆で点に落とし線で結ぶ（3）。裏面側も同じ要領で裏面図の上に石器を置きマコーをあて，それを左右両端（a・d）に合わせて点を打つ。線で結んで断面図ができあがる。縦断面は製品であれば中央部，剥片は剥離角のわかる打面や打瘤が残っていれば末端までの中心軸上に指示線を置き，横断面図と同じ要領で作成する。

〈8〉トレース

　下図作成は対象と直接対峙し，その認識を形にする最も重要な工程である（図 36 − 1）。手にした石器をルーペで隅々まで観察しながら，2H・3H などの鉛筆を使い分けて描き込んでいく（①・②）。見るだけでは認識は深まらない。図化とともに観察の所見をはじめ，感じたことを自由に具体的に記入することが重要である。

　下図が完成したら，最後はトレースである。ここで再度石器を手にして細部を再確認しながら，慎重にペンを進める。下図の上にトレーシングペーパーをのせ，はがせるテープなどで隅を止める。トレーシングペーパーに脂分がつくとインクをはじくので，手のあたる部分に別の紙を置くか，手袋をする。

　トレースはGペン・丸ペンなどのつけペンによることが望ましい。線は太い方から外形・稜線・

第Ⅱ章 実 技

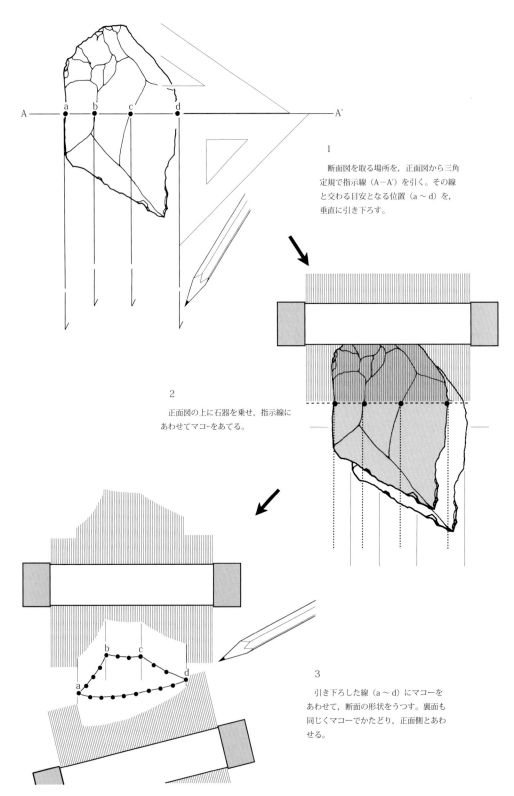

1
　断面図を取る場所を，正面図から三角定規で指示線（A-A'）を引く。その線と交わる目安となる位置（a～d）を，垂直に引き下ろす。

2
　正面図の上に石器を乗せ，指示線にあわせてマコーをあてる。

3
　引き下ろした線（a～d）にマコーをあわせて，断面の形状をうつす。裏面も同じくマコーでかたどり，正面側とあわせる。

図 35　断面図の作成

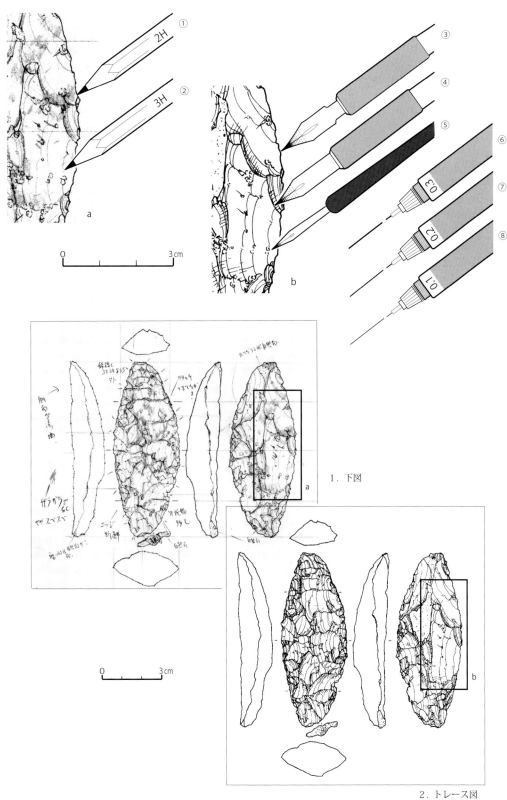

図 36　筆記具と使い分け

第Ⅱ章　実　技

リングとフィッシャーの3種であり，その順にトレースする。外形は③，稜線は④の2種のGペン，リング・フィッシャーは⑤の丸ペンを用い，製図用インクで描く。ロットリングでは外形は0.3（⑥），稜線は0.2（⑦），リングとフィッシャーは0.1（⑧）以下となる。トレースの線の太さは，仕上がりの縮尺も考慮する。細石刃のような小形石器の場合，下図を2倍に拡大しそれをトレースして1/2縮尺の原寸図として提示する方法もある（図50－61～64）。a・bには筆者による，同じ石器の下図とトレース図とを原寸大で示した。

　Gペン・丸ペンを意のままに扱うには，ロットリング以上に練習が必要である。留意点はペンとトレーシングペーパーとの角度，指先の力の加減，手首のかえしなどである。特に細く軽い丸ペンは指先に力が入りやすく，それに伴って線がぶれやすい。繊細な動作は繰り返し練習することで体得できる。磨り減ったペン先はオイルストーンや目の細かい紙ヤスリなどで整える。またペン先は詰まりやすいので，濡れたティッシュなどでこまめに拭く。つけペンは耐久性もあり，習熟すれば打ち欠きの造形である石器を図化するのに最適な筆記具である。

　下図の作成過程で生じた様々な認識の，上澄み部分がトレース図となる。認識は蓄積されても減ることはない。観察した現象をどう図化するか，迷いはそのまま石器への理解が着実に深化している証しである。下図とトレース時の，二度にわたる実技の蓄積こそ実測の本質である。

4. 各面の配置と標示

　最後に提示の際に必要な配置や表現について，これまで述べてきた以外の項目も加えて図37・38にまとめた。

〈1〉配置

　図37－1は正投影図第3角法をもとにした基本的な面配置である。正面にかかる指示線a～cとその横断面は，基準となる指示線b以下を正面の下に横断面b・cとする一方，横断面aは上面の上に，同じように正面を向いて配置する。2は同じ指示線a～cの横断面のみを，比較しやすいように向きをそろえて，左側に抜き出したものである。a～cの指示線も左側縁の左まで伸ばして（☆），1と異なる配置であることを示す。こうした断面図の配置は欧米の著作にも散見する。日本では織笠昭によって，横・縦断面の比較を軸とした研究のため，積極的に活用されている（織笠ほか1981）。

　3は掻器の刃部などを抜き出した場合である。刃部などの二次加工部は，それが最もよく明示できる下面や左右の側面の中に，下面の場合と同じく指示線（☆）を引き，加工の範囲のみ稜線・リング・フィッシャーを入れる（刃部c）。指示線a・bにかかる横断面a・bはその下に置く。さらに指示線bにかかる横断面の内部には，調整加工や刃部の範囲を線で記入してもよい（横断面b）。

　＊図41ほか

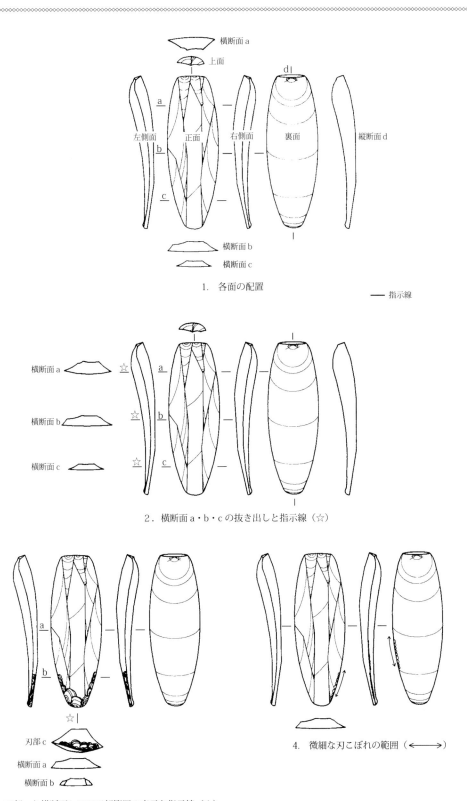

図 37 配置と標示 (1)

〈2〉標示記号

4は図化しにくい微細な刃こぼれの痕跡の範囲を，それが残されている面に矢印の標示記号で表したものである。欧米の石器実測図では積極的に様々な標示記号が用いられている（Davois and Fanlac 1976：131・Addington 1986：11 － 29・ティクシェほか 1998：45 ）。ただ乱用となっては逆効果である。図と競合しない，誰もがわかりやすい記号の工夫と活用が図られるべきである。

＊図50 － 63・64 ほか

〈3〉補助投影図

図38 － 5は複数の横断面図間にある接合する割れ面を，補助投影図として提示する際の位置と標示である。bは斜めに接合した割れ面の指示線であり，指示線a・cとは別に割れ面の左右側縁に指示線bを引く。割れ面bはそこから垂直に下ろし，正面図での順番に従い横断面a・cの間に置く。横断面も兼ねた割れ面は，リング・フィッシャーを入れて方向を示す。また指示線dにかかる縦断面dの中に，接合位置の線（★）を入れる。

6は5と同じように，下面の刃部cを抜き出した際の横断面aと割れ面bとの位置関係である。

接合しない場合はどうか。7のように割れ面がさらに加工されている場合は（★），3の刃部と同様，正面との間に投影した方向に指示線（☆）を入れる。割れ面bには5と同じくリング・フィッシャーを入れる。配置は上から割れ面b・横断面aの順になる。加工のない8の割れ面bは，下半を欠いていることを示す推定線（☆）を入れる。9は通称「ガジリ」と呼んでいる，発掘調査時や近年の耕作などによるごく新しい破損の場合である。その範囲（★）や推定線（☆）を破線で示して，8とは時代が異なることを明確にしておく。横断面図を図示しない時は，中央の基準指示線も正面左側縁側まで線を伸ばさない。

＊図48 － 49・53・54・図50 － 61 〜 64・図56 － 80 ほか

〈4〉描き分け

石器実測図では人為は「線描」，自然の営為は「点描」を基本とする。10は中央部に，原石の表皮である自然面の残る場合である。石材の形状に応じた点描表現を行う。11は石材の性質によって板状に剝離する「節理面」の表現である。平坦な剝離面のため凹凸のリングは形成されず，ほぼフィッシャーのみで打撃の方向を伝えることになる。12は「二重パティナ patina」と呼ばれ，9のような近年の破損は除いて，例えば先土器時代の石核を縄文人が再加工した場合など，結果的に時代の異なる複数の風化面をもつものである。古い面に打撃情報である線描と，風化の進んだことを示す点描とをあわせた表現を行う。

＊図43 － 31 〜 33 ほか

〈5〉別図

石器に残る人為的な情報は実測図に一体として盛り込むことが基本である。しかし製作による技術情報と摩耗痕や着柄痕，あるいは付着物などの使用情報とをひとつにすると煩雑になる場合

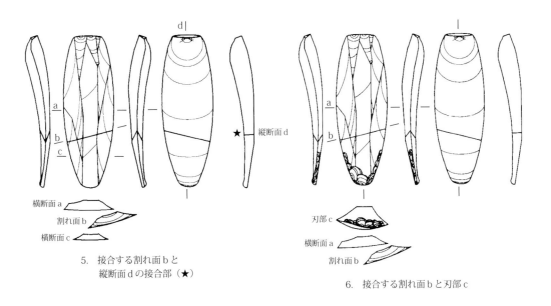

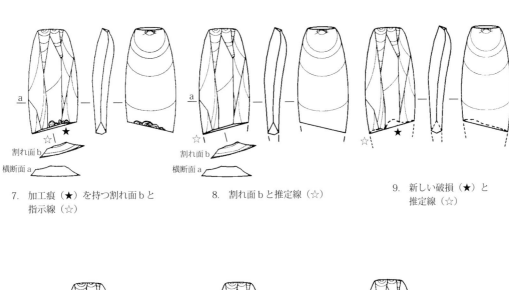

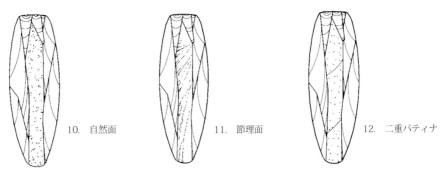

図38 配置と標示（2）

がある。その際は別図を用意して，実測図と相互に比較できるようにする。

＊図 47 – 46

〈6〉記録・保管

　実測図は研究者にとって欠かせない臨床の記録であると同時に，埋蔵文化財の貴重な記録でもある。下図に遺跡名・出土地点，石質，実測者の氏名や実測の年月日に加え，観察結果や感想などを細かく記入しておく。無論下図とトレース図は遺物と同様，紛失や変質しないように注意して保管すべきである。

　実測者以上に遺物を観察できる者はない。二度実測される石器も皆無にちかい。私的な研究のためであっても自ずと公的な性格が備わる。繰り返し訓練し，力を尽くして情報を描き留める，実測とはそういう作業である。

石器実測図集成

石器実測図集成

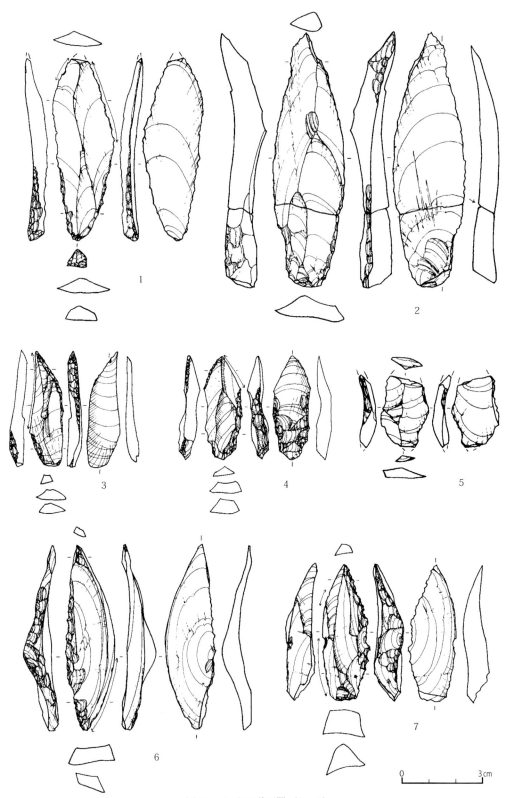

図39　ナイフ形石器（1-7）

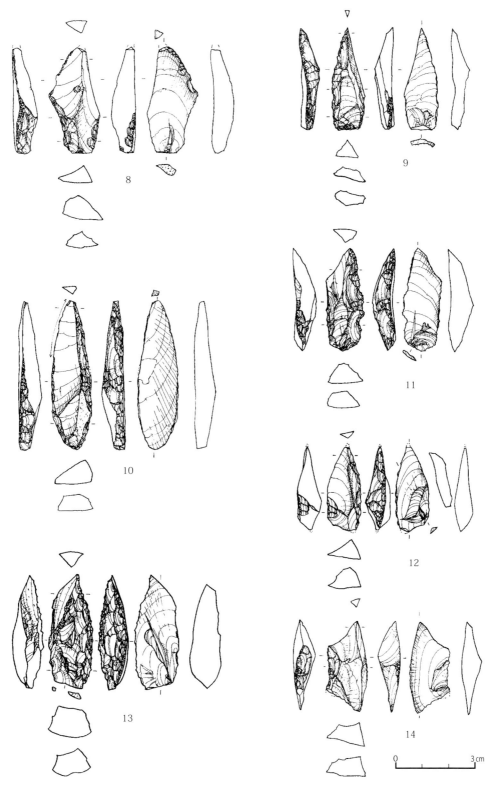

図40 ナイフ形石器（8－14）

石器実測図集成

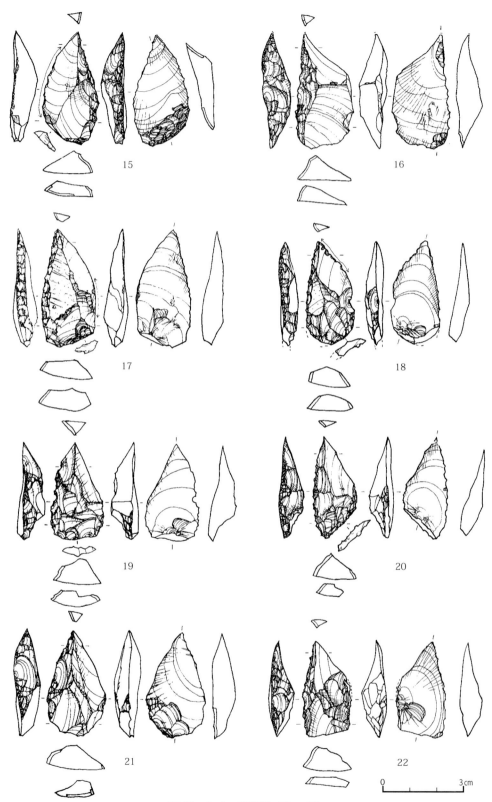

図41　ナイフ形石器（15 - 22）

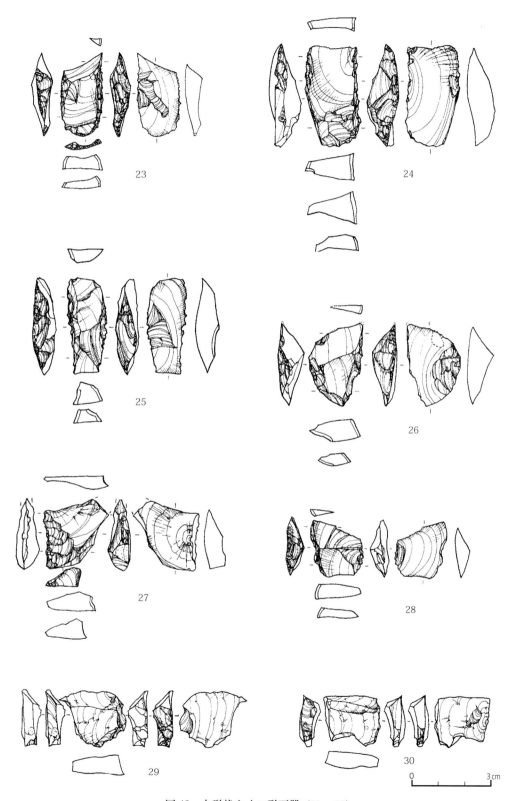

図42 台形状ナイフ形石器 (23 – 30)

石器実測図集成

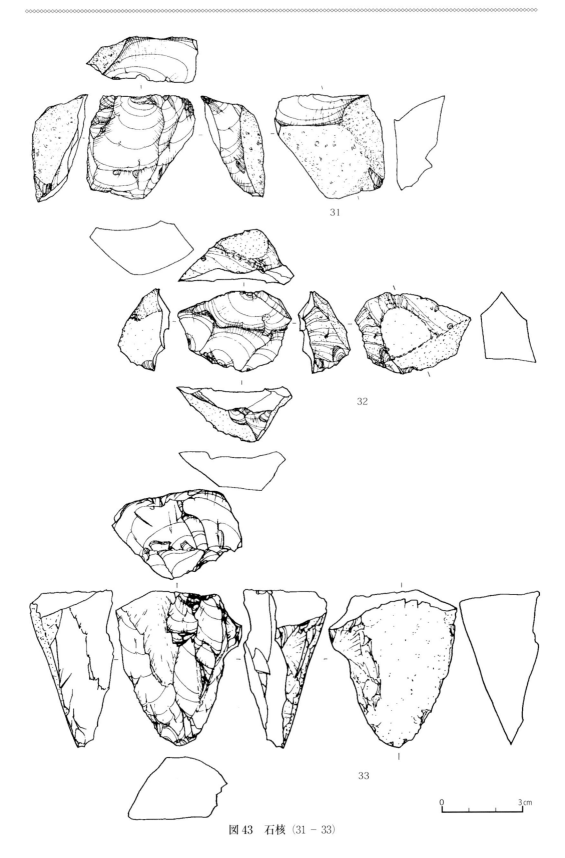

図43 石核（31 − 33）

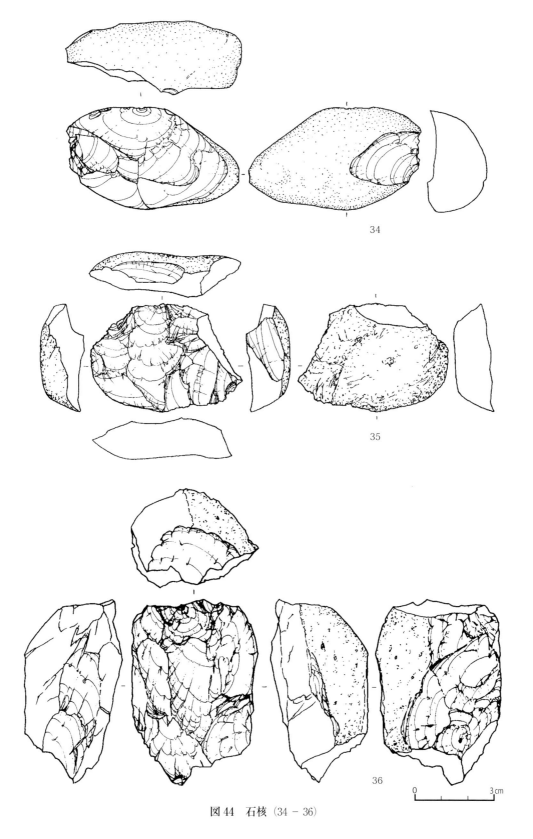

図 44 石核 (34 - 36)

石器実測図集成

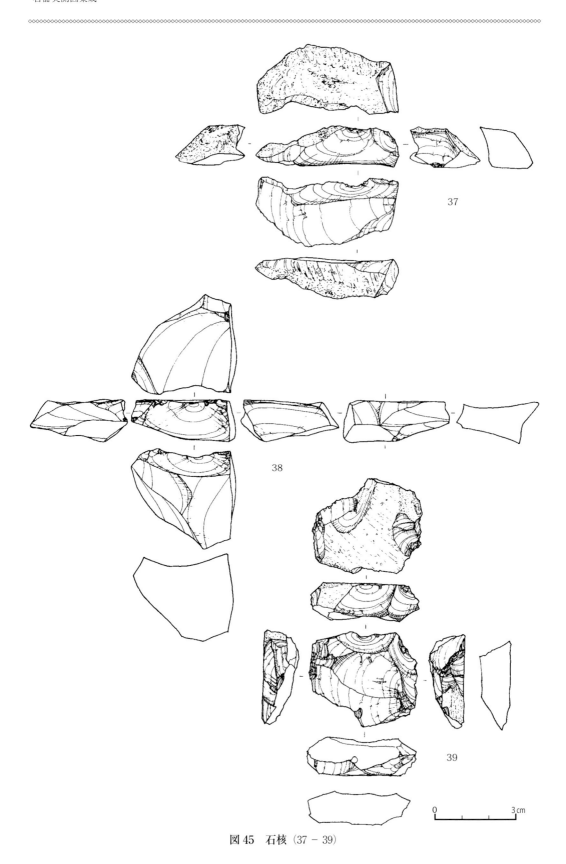

図45 石核 (37 - 39)

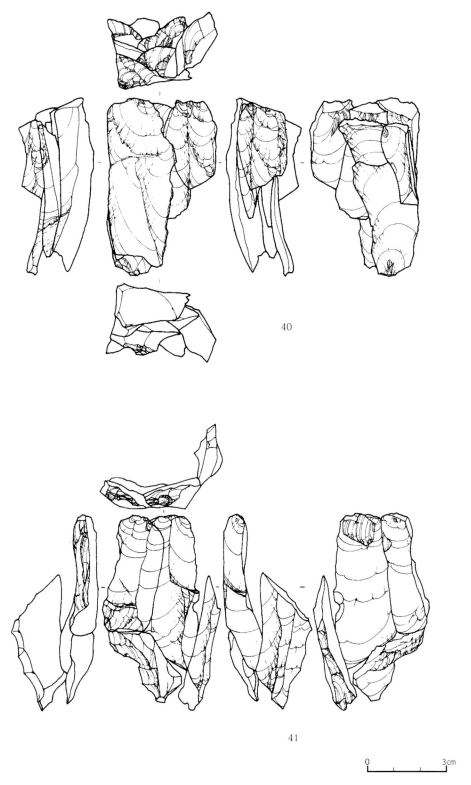

図 46 接合資料（40・41）

石器実測図集成

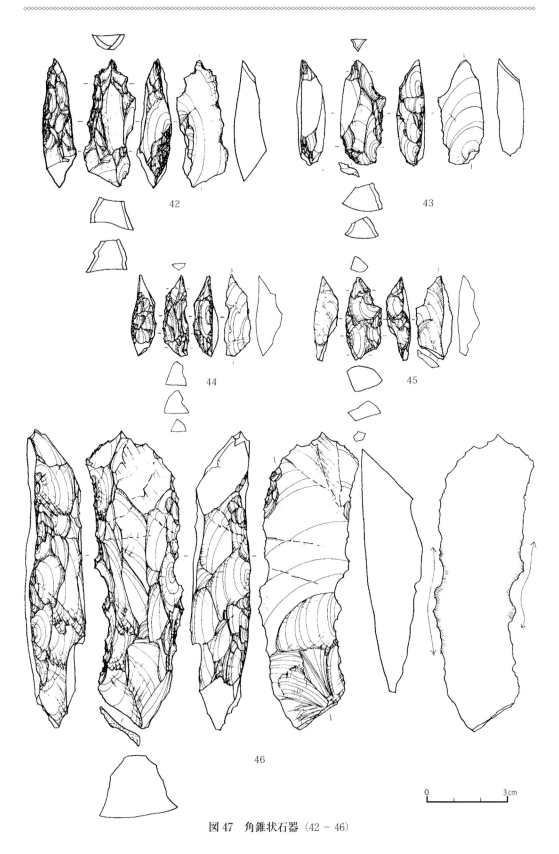

図47 角錐状石器（42－46）

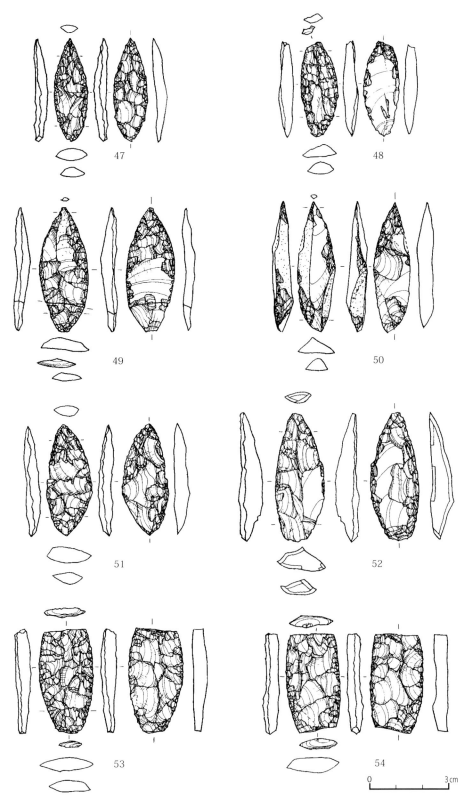

図48　尖頭器（47－54）

71

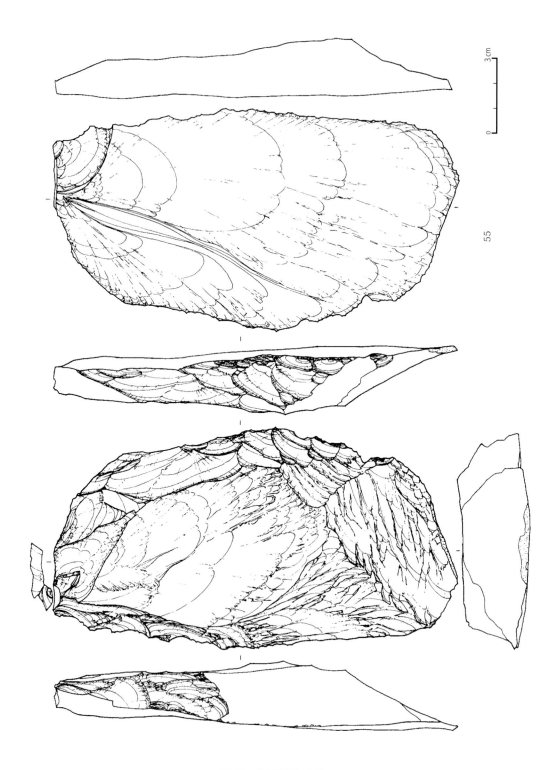

図49 打製石斧 (55)

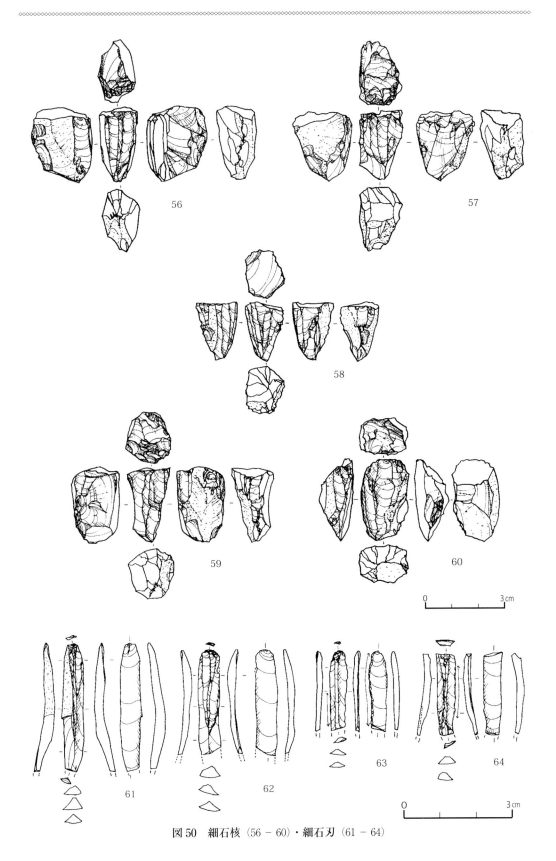

図50 細石核 (56－60)・細石刃 (61－64)

石器実測図集成

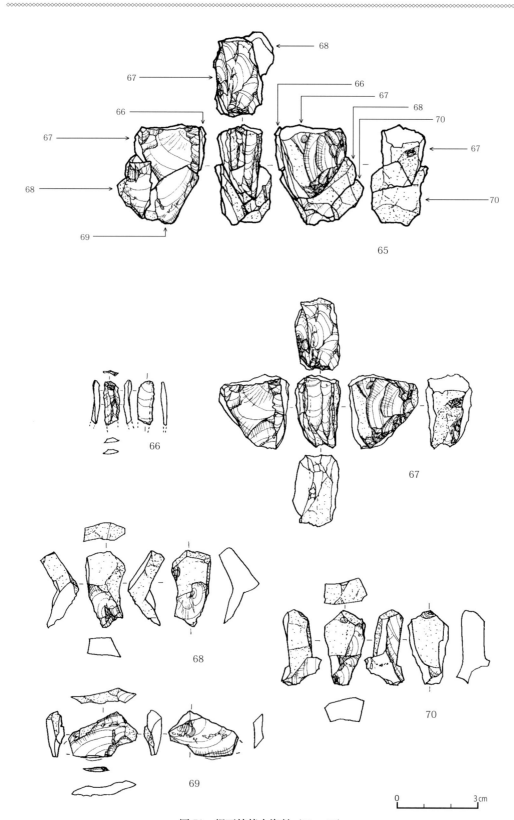

図51　細石核接合資料（65 – 70）

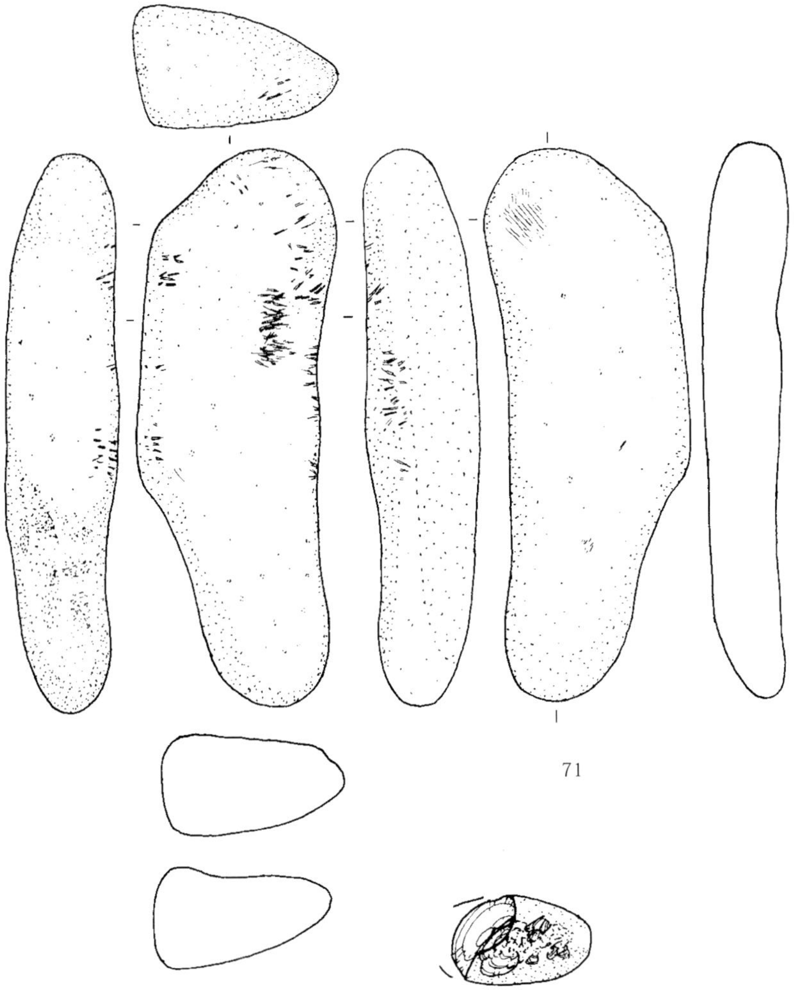

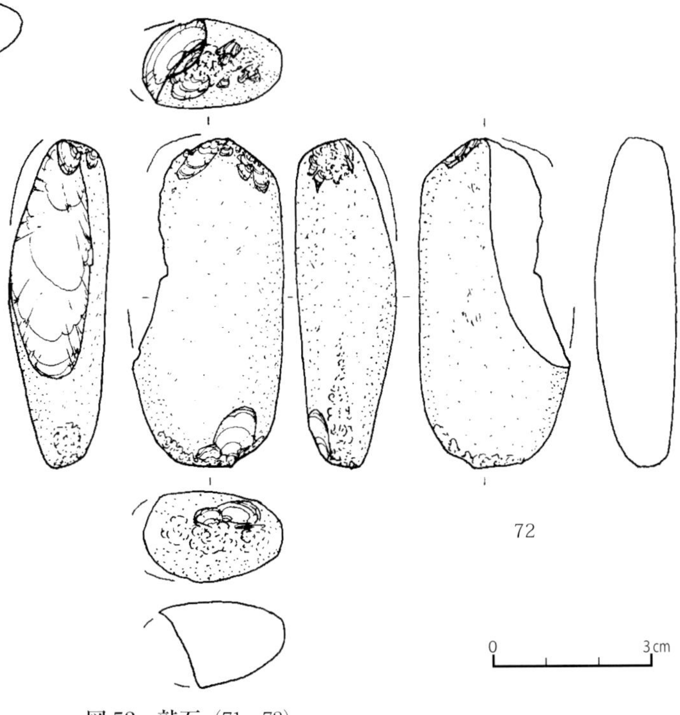

図 52　敲石 (71・72)

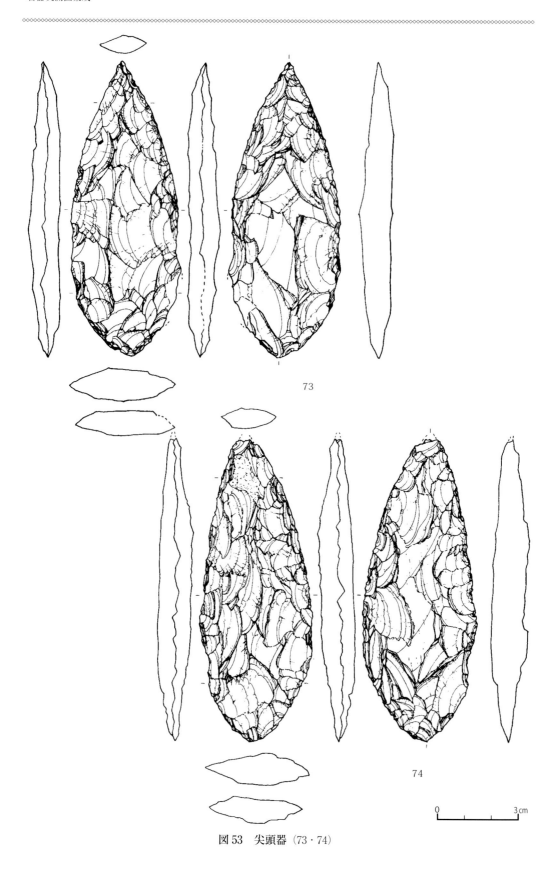

図53　尖頭器 (73・74)

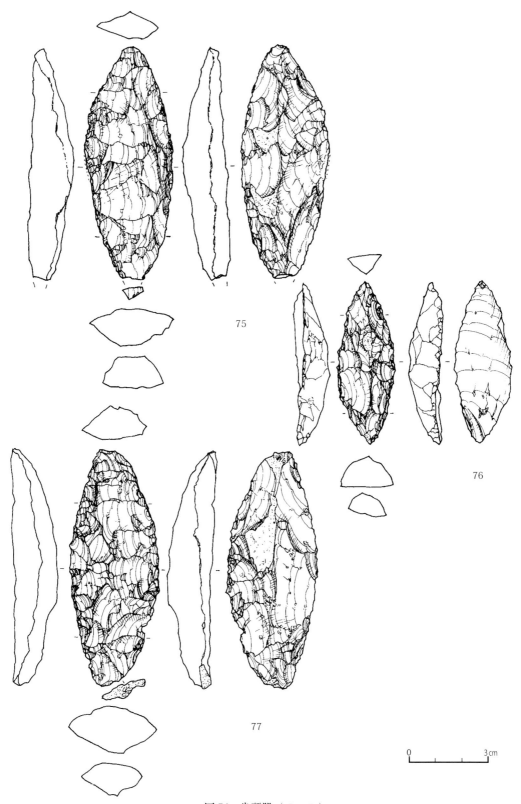

図54 尖頭器（75－77）

石器実測図集成

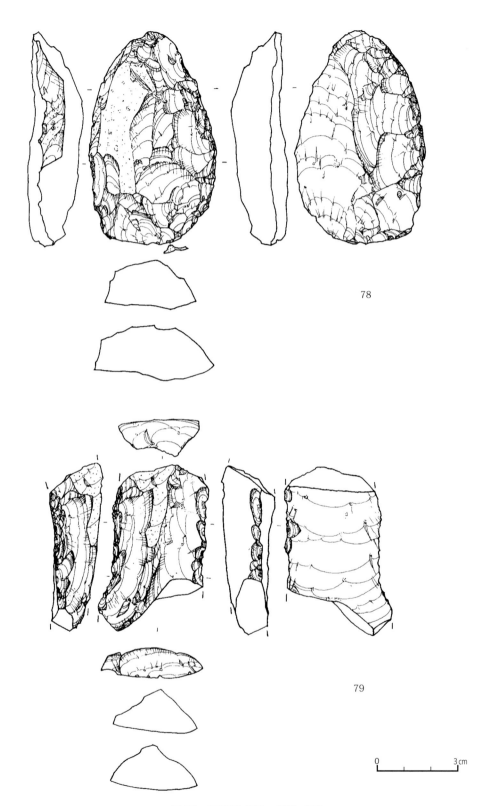

図 55　尖頭器（78）・削器（79）

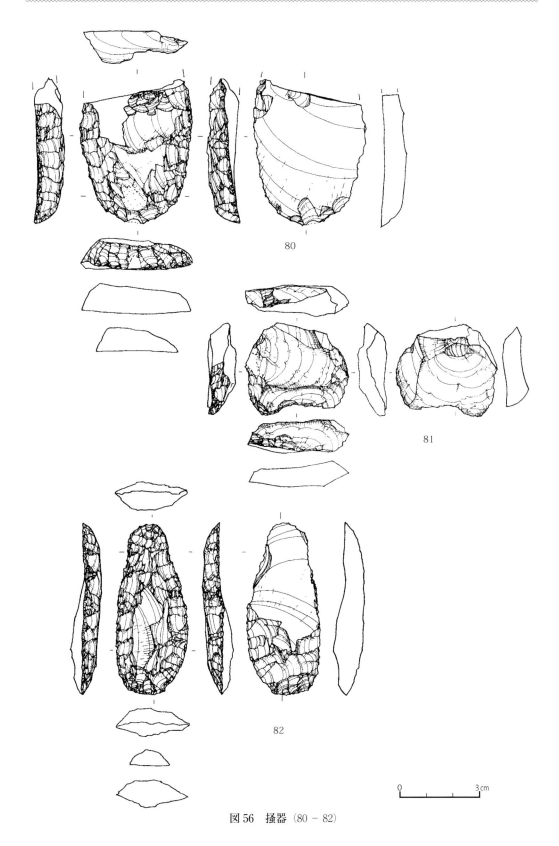

図 56　掻器 (80 - 82)

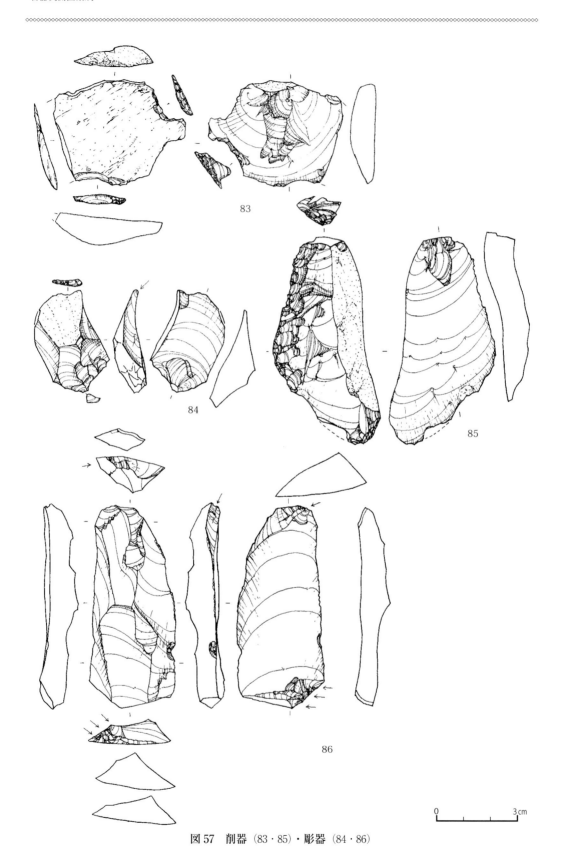

図 57 削器（83・85）・彫器（84・86）

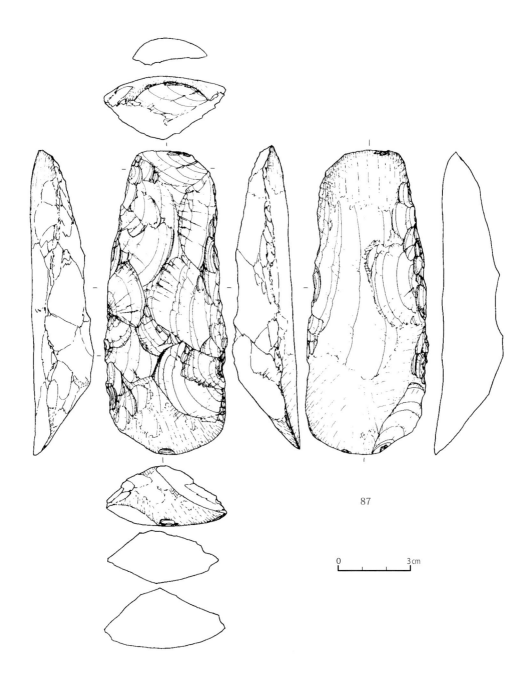

図58　双刃局部磨製石斧（87）

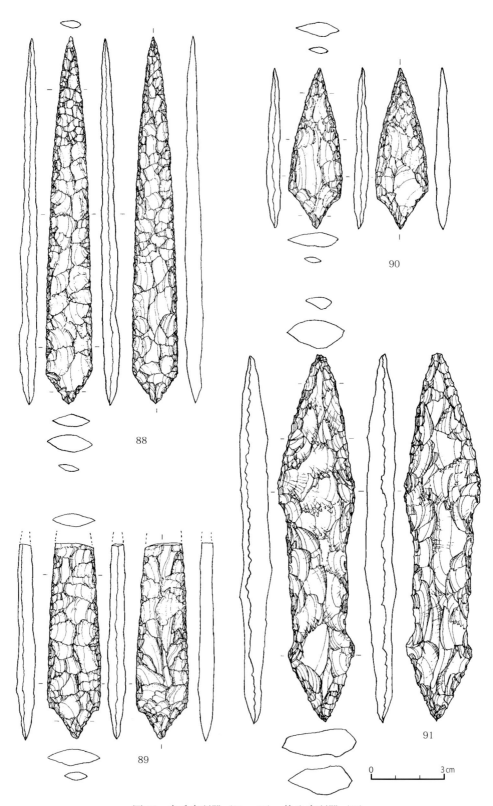

図 59 有舌尖頭器（88 - 90）・抉入尖頭器（91）

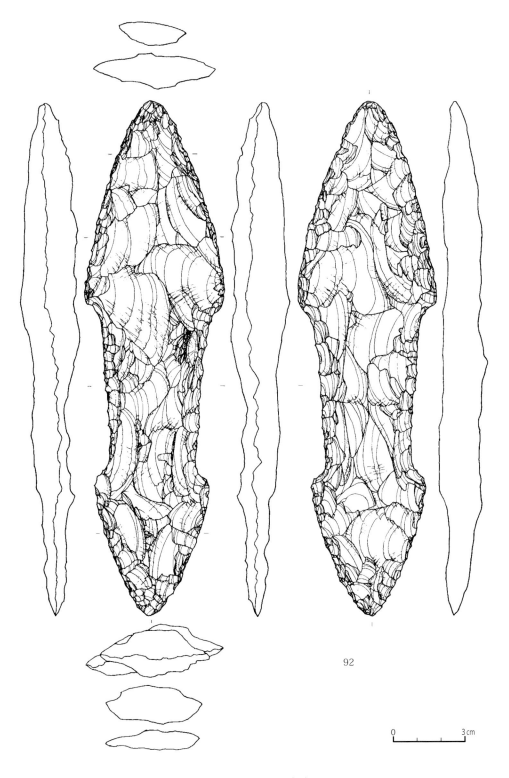

図60 挟入尖頭器 (92)

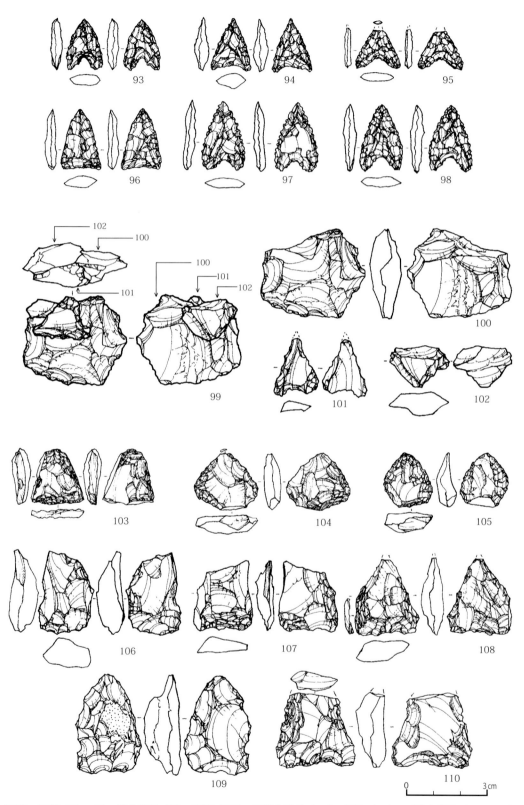

図61 石鏃（93－98）・接合資料（99）・石核（100）・石鏃未製品（101）・剝片（102）・石鏃未製品（103－110）

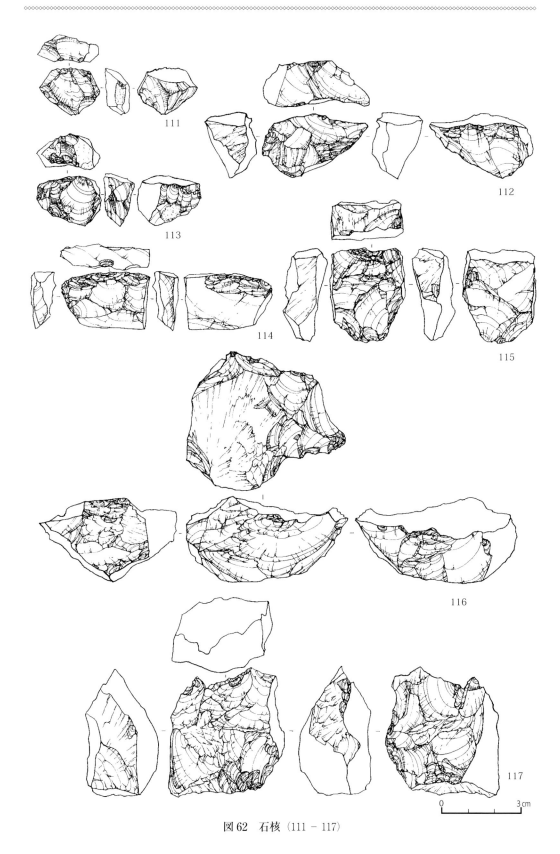

図 62　石核 (111 − 117)

石器実測図集成

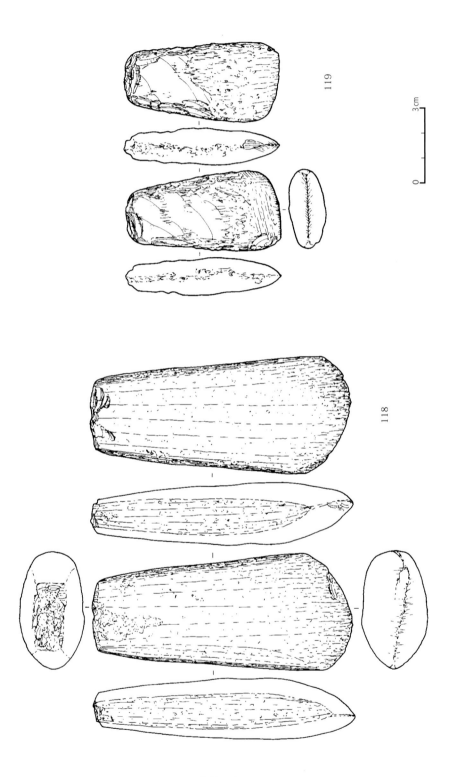

図63 磨製石斧（118・119）

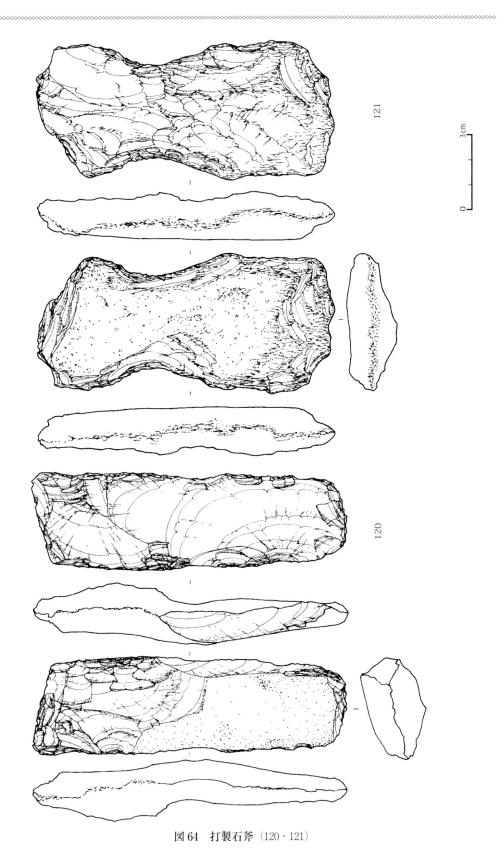

図64 打製石斧（120・121）

石器実測図集成

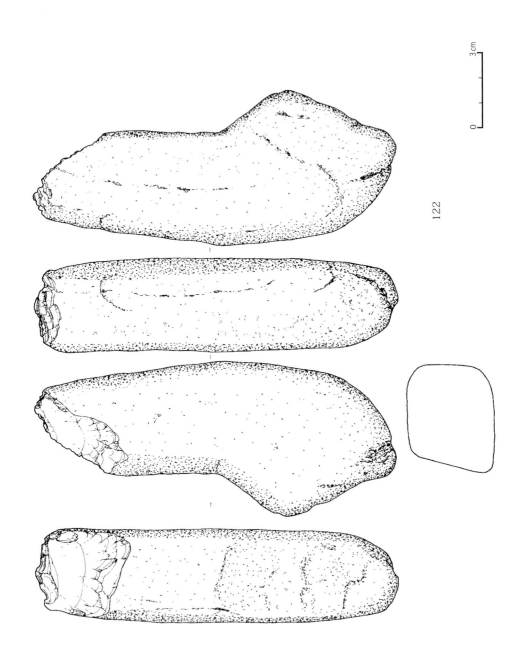

図 65　礫器（122）

石器実測図一覧表

No.	石器名	石質	遺跡名	時代	文献	備考
1	ナイフ形石器	安山岩	打越KA地点	先土器	富士見市教育委員会1978a	図39
2	〃	〃	〃	〃	〃	〃
3	〃	黒曜石	西松原第1地点	〃	富士見市教育委員会1977	〃
4	〃	〃	〃	〃	〃	〃
5	〃	安山岩	打越LA地点	〃	富士見市教育委員会1978a	〃
6	〃	チャート	殿山	〃	石器研究会編1982	〃
7	〃	〃	〃	〃	〃	〃
8	〃	黒曜石	〃	〃	〃	図40
9	〃	〃	〃	〃	〃	〃
10	〃	〃	〃	〃	〃	〃
11	〃	〃	〃	〃	〃	〃
12	〃	〃	〃	〃	〃	〃
13	〃	〃	横田	〃	埼玉県埋蔵文化財調査事業団1995	〃
14	〃	〃	殿山	〃	石器研究会編1982	〃
15	〃	〃	明花向C区	〃	埼玉県埋蔵文化財調査事業団1984	図41
16	〃	〃	〃	〃	〃	〃
17	〃	〃	〃	〃	〃	〃
18	〃	〃	〃	〃	〃	〃
19	〃	凝灰岩	〃	〃	〃	〃
20	〃	〃	〃	〃	〃	〃
21	〃	黒曜石	〃	〃	〃	〃
22	〃	〃	〃	〃	〃	〃
23	台形状ナイフ形石器	〃	〃	〃	〃	図42
24	〃	〃	〃	〃	〃	〃
25	〃	〃	〃	〃	〃	〃
26	〃	〃	〃	〃	〃	〃
27	〃	〃	〃	〃	〃	〃
28	〃	〃	〃	〃	〃	〃
29	〃	〃	松ノ木	〃	富士見市遺跡調査会1979	〃
30	〃	〃	〃	〃	〃	〃
31	石核	黒曜石	殿山	〃	石器研究会編1982	図43
32	〃	〃	明花向C区	〃	埼玉県埋蔵文化財調査事業団1984	〃
33	〃	チャート	向山	〃	埼玉県埋蔵文化財調査事業団1995a	〃
34	〃	安山岩	打越KA地点	〃	富士見市教育委員会1978	図44
35	〃	〃	北	〃	埼玉県埋蔵文化財調査事業団1987	〃
36	〃	〃	戸崎前	〃	埼玉県埋蔵文化財調査事業団1997	〃
37	〃	黒曜石	殿山	〃	石器研究会編1982	図45
38	〃	凝灰岩	〃	〃	〃	〃
39	〃	黒曜石	〃	〃	〃	〃
40	接合資料	凝灰岩	打越第2地点	〃	富士見市教育委員会1976	図46
41	〃	チャート	鶴ヶ丘	〃	田中1997	〃
42	角錐状石器	頁岩	戸崎前	〃	埼玉県埋蔵文化財調査事業団1997	図47
43	〃	チャート	井沼方馬堤	〃	埼玉県埋蔵文化財調査事業団1984	図47
44	〃	黒曜石	池田	〃	新座市教育委員会1976	〃
45	〃	〃	〃	〃	〃	〃

石器実測図一覧表

No.	石　器　名	石　質	遺　跡　名	時　代	文　献	備考
46	角錐状石器	粘板岩	山室第2地点	先土器	富士見市教育委員会 1978b	図47
47	尖頭器	黒曜石	横田	〃	埼玉県埋蔵文化財調査事業団 1995b	図48
48	〃	〃	〃	〃	〃	〃
49	〃	〃	〃	〃	〃	〃
50	〃	〃	〃	〃	〃	〃
51	〃	〃	〃	〃	〃	〃
52	〃	チャート	北	〃	埼玉県埋蔵文化財調査事業団 1987	〃
53	〃	黒曜石	横田	〃	埼玉県埋蔵文化財調査事業団 1995b	〃
54	〃	〃	〃	〃	〃	〃
55	打製石斧	〃	横田	〃	埼玉県埋蔵文化財調査事業団 1995b	図49
56	細石核	黒曜石	〃	〃	〃	図50
57	〃	〃	〃	〃	〃	〃
58	〃	〃	〃	〃	〃	〃
59	〃	〃	〃	〃	〃	〃
60	〃	〃	〃	〃	〃	〃
61	細石刃	〃	〃	〃	〃	〃
62	〃	〃	〃	〃	〃	〃
63	〃	〃	〃	〃	〃	〃
64	〃	〃	〃	〃	〃	〃
65	細石核接合資料	〃	〃	〃	〃	図51
66	細石刃	〃	〃	〃	〃	〃
67	細石核	〃	〃	〃	〃	〃
68	剥　片	〃	〃	〃	〃	〃
69	〃	〃	〃	〃	〃	〃
70	〃	〃	〃	〃	〃	〃
71	敲　石	粘板岩	殿山	〃	石器研究会編 1982	図52
72	〃	〃	〃	〃	〃	〃
73	尖頭器	安山岩	羽沢	〃	田中 1990	図53
74	〃	〃	〃	〃	〃	〃
75	〃	黒曜石	西大宮バイパスNo.4	〃	大宮市遺跡調査会 1986	図54
76	〃	〃	〃	〃	〃	〃
77	〃	〃	〃	〃	〃	〃
78	尖頭器未製品	〃	〃	〃	〃	図55
79	削　器	〃	〃	〃	〃	〃
80	掻　器	硬質頁岩	宮林	縄文草創期	埼玉県埋蔵文化財調査事業団 1985	図56
81	〃	黒曜石	北	先土器	埼玉県埋蔵文化財調査事業団 1987	〃
82	〃	硬質頁岩	宮林	縄文草創期	埼玉県埋蔵文化財調査事業団 1985	〃
83	削　器	黒曜石	殿山	先土器	石器研究会編 1982	図57
84	彫　器	〃	唐沢	〃	富士見市遺跡調査会 1979	〃
85	削　器	〃	山室第2地点	〃	富士見市教育委員会 1978	〃
86	彫　器	硬質頁岩	明花向A区	〃	埼玉県埋蔵文化財調査事業団 1984	〃
87	双刃局部磨製石斧	ホルンフェルス	宮林	縄文草創期	埼玉県埋蔵文化財調査事業団 1985	図58
88	有舌尖頭器	流紋岩	福井県鳴鹿山鹿	〃	田中 2008	図59
89	〃	〃	〃	〃	〃	〃
90	〃	黒色安山岩	〃	〃	〃	〃
91	抉入尖頭器	頁岩	群馬県黒井峯	縄文前期	田中 1995	〃

No.	石器名	石質	遺跡名	時代	文献	備考
92	抉入尖頭器	硬質頁岩	渡場	縄文前期	田中 1988	図60
93	石鏃	チャート	北	縄文中期	埼玉県埋蔵文化財調査事業団 1987	図61
94	〃	〃	〃	〃	〃	〃
95	〃	〃	〃	〃	〃	〃
96	〃	〃	〃	〃	〃	〃
97	〃	〃	〃	〃	〃	〃
98	〃	〃	〃	〃	〃	〃
99	石鏃接合資料	〃	風早	〃	庄和町風早遺跡調査会 1979	〃
100	石核	〃	〃	〃	〃	〃
101	石鏃未製品	〃	〃	〃	〃	〃
102	剥片	〃	〃	〃	〃	〃
103	石鏃未製品	〃	足利	縄文中－後期	久喜市足利遺跡調査会 1980	〃
104	〃	〃	〃	〃	〃	〃
105	〃	〃	〃	〃	〃	〃
106	〃	〃	〃	〃	〃	〃
107	〃	〃	〃	〃	〃	〃
108	〃	〃	〃	〃	〃	〃
109	〃	〃	〃	〃	〃	〃
110	〃	〃	〃	〃	〃	〃
111	石核	黒曜石	〃	〃	〃	図62
112	〃	チャート	〃	〃	〃	〃
113	〃	〃	〃	〃	〃	〃
114	〃	〃	〃	〃	〃	〃
115	〃	〃	〃	〃	〃	〃
116	〃	〃	〃	〃	〃	〃
117	〃	〃	〃	〃	〃	〃
118	磨製石斧	緑泥片岩	北	縄文中期	埼玉県埋蔵文化財調査事業団 1987	図63
119	〃	〃	〃	〃	〃	〃
120	打製石斧	砂岩	〃	〃	〃	図64
121	〃	粘板岩	〃	〃	〃	〃
122	礫器	砂岩	〃	〃	〃	図65

＊県名のないものは埼玉県出土。
＊＊図は基本的に筆者報告時の原図を用いたが，一部縮尺を変えたり実測面を加除したものがある。

引用・参考文献

穴沢咊光 1994a「小林行雄博士の軌跡―感性の考古学者の評伝―」『考古学京都学派』(角田文衞編) 雄山閣出版　178 － 210 頁

穴沢咊光 1994b「梅原末治論―モノを究めようとした考古学者の偉大と悲惨―」『考古学京都学派』(角田文衞編) 雄山閣出版　218 － 299 頁

今井 功 1969「雲根志解説」『雲根志』築地書館　527 － 588 頁

ウエイマン,D.G.(蜷川親正訳) 1976『エドワード・シルベスター・モース(上・下)』中央公論美術出版

内田好昭 1994「概説『弥生式土器聚成図録』」『考古学史研究』第 3 号　7 － 28 頁

梅原末治 1973『考古学六十年』平凡社

大井晴男 1966『野外考古学』東京大学出版会

大野雲外 1901『模様のくら－第 1 集－(石器時代の部)』嵩山堂

大野雲外 1906「石斧の形式に就て」『東京人類学会雑誌』東京人類学会　第 240 号　213 － 217 頁

大野雲外 1907「打製石斧の形式に就て」『東京人類学会雑誌』東京人類学会　第 250 号　132 － 134 頁

大野雲外 1910「土偶の形式分類に就て」『東京人類学会雑誌』東京人類学会　第 296 号　54 － 60 頁

大野雲外 1918「骨器の形式分類」『人類学会雑誌』東京人類学会　第 33 巻第 3 号　80 － 86 頁

大野雲外 1926『遺跡遺物より観たる日本先住民の研究』磯部甲陽堂

大野雲外 1930『考古学大観』春陽堂

大場磐雄 1948『日本考古学新講』あしかび書房

大宮市遺跡調査会 1986『西大宮バイパス No.4 遺跡』

大山 柏 1922『琉球伊波貝塚発掘報告』

大山 柏 1931『原石文化問題』岩波書店

織笠 昭・小平市鈴木遺跡調査会 1981『鈴木遺跡Ⅳ』

角田芳昭 1988「『日本大古石器考』資料論考」『考古学叢考(上巻)』吉川弘文館　159 － 188 頁

加藤晋平・鶴丸俊明 1980『図録石器の基礎知識Ⅱ―先土器(下)―』柏書房

加藤秀之 2002「陰影から線描へ―現代実測図の出自―」『武蔵野考古』武蔵野文化協会　No 29・30 合併号　4 － 7 頁

金関 恕 1985「世界の考古学と日本の考古学」『岩波講座日本考古学 1―研究の方法―』岩波書店　301 － 343 頁

金子一夫 1997「工部美術学校における絵画・彫刻教育」『学問の過去・現在・未来―学問のアルケオロジー―』東京大学創立百二十周年記念東京大学展図録　166 － 191 頁

神田孝平 1886『日本大古石器考』叢書閣

木内石亭 1773 － 1801『雲根志』

Kidder,J.E.・小山修三・小田静夫・白石浩之 1970「国際基督教大学構内 Loc.28c の先土器文化」『人類学雑誌』日本人類学会　第 78 巻第 2 号　140 － 156 頁

清野謙次 1944『日本人種論変遷史』小山書店

清野謙次 1946『日本民族生成論』日本評論社

清野謙次 1954『日本考古学・人類学史(上巻)』岩波書店

久喜市足利遺跡調査会 1980『足利遺跡発掘調査報告書』

考古学技術研究会編 2001『考古学において実測とは何か』

小林行雄 1982「わが心の自叙伝」『神戸新聞』(1983『考古学一路―小林行雄博士著作目録―』再録)

埼玉県埋蔵文化財調査事業団 1984『明花向・明花上ノ台・井沼方馬堤・とうのこし』報告書第 35 集

埼玉県埋蔵文化財調査事業団 1985『大林Ⅰ・Ⅱ・宮林・下南原』報告書第 50 集

埼玉県埋蔵文化財調査事業団 1987『北・八幡谷・相野谷』報告書第 66 集

埼玉県埋蔵文化財調査事業団 1995a『向山／上原／向原遺跡』報告書第 155 集

埼玉県埋蔵文化財調査事業団 1995b『横田遺跡』報告書第 163 集

埼玉県埋蔵文化財調査事業団 1997『戸崎前遺跡』報告書第 187 集
斎藤　忠・浅田芳朗編 1976『大野延太郎＋八木奘三郎＋和田千吉』築地書館
斎藤　忠編著 1979『日本考古学史資料集成』吉川弘文館
斎藤　忠 1984『日本考古学史辞典』東京堂出版
酒詰仲男 1951『先史発掘入門』古今書院
佐々木忠次郎・飯島　魁 1880「常州陸平介墟報告」『学芸志林』東京大学　第六
佐藤達夫・小林　茂 1953「秩父吉丸の石器」『考古学雑誌』日本考古学会　第 39 巻第 3・4 号　226 － 233 頁
佐原　真 1977「大森貝塚百年」『考古学研究』考古学研究会　第 24 巻第 3・4 号　19 － 48 頁
佐原　真 1988a「日本近代考古学の始まるころ―モース，シーボルト，佐々木忠次郎資料に寄せて―」『共同研究モースと日本』（守屋毅編）小学館　247 － 293 頁
佐原　真 1988 b「モールスから坪井正五郎までの間」『考古学叢考（上巻）』吉川弘文館　845 － 873 頁
シーボルト，H.V.（吉田正春訳）1879『考古説略』
庄和町風早遺跡調査会 1979『風早遺跡発掘調査報告書』
神保小虎 1886「鎗石ハ天然ノ物ニ非ズ」『人類学会報告』東京人類学会　第 1 巻第 1 号　15 頁
新村　出編 1998『広辞苑第四版』岩波書店
杉原荘介 1953「日本における石器文化の階梯について」『考古学雑誌』日本考古学会　第 39 巻第 2 号　21 － 25 頁
杉原荘介 1956a「縄文文化以前の石器文化」『日本考古学講座 3―縄文文化―』河出書房　1 － 42 頁
杉原荘介 1956b「群馬県岩宿発見の石器文化」明治大学文学部研究報告第一冊
杉原荘介 1963「会報」『考古学集刊』東京考古会　第 2 巻第 1 号
杉原荘介・大塚初重 1955「常総台地における関東ローム層中の石器文化―市川市丸山遺跡について―」『駿台史学』駿台史学会　第 5 号
杉原荘介・吉田　格・芹沢長介 1959「東京都茂呂における関東ローム層中の石器文化」『駿台史学』駿台史学会　第 9 号　84 － 104 頁
杉山寿栄男 1928『日本原始工芸概説』工芸美術研究会
石器研究会編 1982『殿山遺跡』上尾市教育委員会
高井戸東遺跡調査会 1977『高井戸東遺跡』
滝沢　浩 1964「埼玉県市場坂遺跡―関東地方におけるナイフ形石器文化の一様相―」『埼玉考古』埼玉考古学会　復刊第 2 号　39 － 56 頁
田中英司 1988「小岩井渡場遺跡出土の抉入尖頭器」『考古学雑誌』日本考古学会　第 74 巻第 2 号　89 － 96 頁
田中英司 1990「木葉形尖頭器のデポ―富士見市羽沢遺跡―」『富士見市遺跡調査会紀要』富士見市遺跡調査会　6　21 － 24 頁
田中英司 1991「観察と記録―石器実測図の生成―」『埼玉考古学論集』埼玉県埋蔵文化財調査事業団　1 － 37 頁
田中英司 1995「抉入意匠の石器文化」『物質文化』物質文化研究会　第 59 号　16 － 52 頁
田中英司 1997「川越市鶴ヶ丘遺跡Ｃ区の石器群」『埼玉県埋蔵文化財調査事業団研究紀要』埼玉県埋蔵文化財調査事業団　第 13 号　1 － 13 頁
田中英司 2001「岩宿の先土器・無土器・旧石器」『歴史評論』歴史科学協議会　No.615　31 － 35 頁
田中英司 2008「新たに発見された鳴鹿山鹿の「献納石鏃」」『特別展埋められた財宝』展示図録　山梨県立考古博物館　67 － 72 頁
田中英司 2012「石器文様論」『千葉大学文学部考古学研究室 30 周年記念考古学論攷Ⅰ』179 － 204 頁
東京都大森貝塚保存会編 1967『大森貝塚』中央公論美術出版
藤　貞幹 1775『好古小録』
ティクシェ，J.・イニザン，M.-L.・ロッシュ，H.（大沼克彦・西秋良宏・鈴木美保訳）1998『石器研究入門』クバプロ

戸沢充則 1958「長野県八島遺跡に於ける石器群の研究」『駿台史学』駿台史学会 8 66 - 97頁
戸沢充則 1968「埼玉県砂川遺跡の石器文化」『考古学集刊』東京考古学会 第4巻第1号 1 - 42頁
都立府中病院内遺跡調査会 1984『武蔵台Ⅰ遺跡―武蔵国分寺跡西方地区の調査―』
中村孝三郎 1960『小瀬が沢洞窟』長岡市立科学博物館研究調査報告三
中谷治宇二郎 1929『日本石器時代提要』岡書院
中谷治宇二郎 1935『日本先史学序史』岩波書店
中谷治宇二郎(梅原末治校) 1943『校訂日本石器時代提要』養徳社
新座市教育委員会 1976『池田遺跡発掘調査報告書』
日本印刷学会編 1958『印刷事典』
日本規格協会(佐藤豪編) 1984『製図マニュアル基本編』
初鹿野博之・山崎真治・佐宗亜衣子・諏訪元 2009「東京大学総合研究博物館人類先史部門所蔵大森貝塚出土標本―第1部解説・写真図版―」『東京大学総合研究博物館標本資料報告』No.79 東京大学総合研究博物館
浜田耕作 1918『河内国府石器時代遺跡』京都帝国大学考古学研究報告第二冊
浜田耕作 1922『通論考古学』大鐙閣
比企 忠 1896「信濃国ゲンノー石」『地質学雑誌』日本地質学会 第4巻第40号 139 - 141頁
樋口清之 1927「実験的考古学研究法」『考古学雑誌』日本考古学会 第17巻第3号 51 - 63頁
平木政次 1936『明治初期洋画壇回顧』日本エッチング研究所出版部(湖北社 2001『近代日本学芸資料叢書第17輯』復刻)
広瀬繁明 1994「日本考古学の主導者―ペトリーから浜田耕作が受け継いだもの―」『考古学史研究』京都木曜クラブ 第3号 73 - 86頁
富士見市教育委員会 1976『富士見市文化財報告ⅩⅠ』
富士見市教育委員会 1977『富士見市文化財報告ⅩⅢ』
富士見市教育委員会 1978a『打越遺跡』文化財調査報告第14集
富士見市教育委員会 1978b「山室遺跡第2地点」『富士見市中央遺跡群Ⅰ』文化財調査報告第15集
富士見市遺跡調査会 1979a『唐沢遺跡』遺跡調査会調査報告第1集
富士見市遺跡調査会 1979b『松ノ木遺跡第1地点』遺跡調査会調査報告第2集
文化庁文化財部記念物課 2010『発掘調査のてびき―整理・報告書編―』
松沢亜生 1959「石器研究におけるテクノロジーの一方向」『考古学手帖』7 1 - 2頁
松沢亜生 1960a「石器研究におけるテクノロジーの一方向(Ⅱ)」『考古学手帖』12 1 - 4頁
松沢亜生 1960b「長野県諏訪・北踊場石器群―特に製作工程の分析を中心として―」『第四紀研究』日本第四紀学会 第1巻第7号 263 - 273頁
まつばらさかえ 1884「しなのの十二ざわのやりいし」『じんるいがくだい―よりあいのかきとめ』つぼいしょうごろうあつめしるす
明治大学考古学研究室・月見野遺跡調査団 1969『概報月見野遺跡群』
モールス,エドワルド・エス(矢田部良吉訳) 1879『大森介墟古物編』東京大学 理科会粋第一帙
モース,E.S.(石川欣一訳) 1970『日本その日その日(1・2・3)』平凡社
モース,E.S.(近藤義郎・佐原真編訳) 1983『大森貝塚―付関連史料―』岩波書店
森本六爾・小林行雄編 1938・1939『弥生式土器聚成図録』東京考古学会
山内清男 1936「座談会(江上波夫・後藤守一・山内清男・八幡一郎・甲野勇)―日本石器文化の源流と下限を語る―」『ミネルヴァ』翰林書房 創刊号 34 - 46頁
横山由清 1871『尚古図録』青山堂
吉崎昌一 1959「北海道白滝村Loc.30の石器群」『考古学手帖』6 2 - 3頁
吉田 格 1952「東京都国分寺町熊ノ郷,殿ヶ谷戸遺跡―南関東地方縄文文化以前の研究Ⅰ―」『考古学雑誌』日本考古学会 第38巻第2号 23 - 30頁
早稲田大学総合人文科学研究センター 2016『シンポジウム予稿集 3D考古学の挑戦―考古遺物・遺構の三次元計測における研究の現状と課題―』

Addington, L. R. (1986) *Lithic Illustration*, Drawing Flaked Stone Artifacts for Publication, The University of Chicago Press, Chicago and London.

Davois, M. and Fanlac, P. (1976) *Precis de Dessin*, Dynamique et Structural des Industries, Lithiques Prehistoriqus.

Iijima, I and Sasaki, C. (1883) *Okadaira Shell Mound at Hitachi*, Being an Appendix to Memoir Vol. I. Part I. of the Science Department, Tôkiô Daigaku.

Kanda, T. (1884) *Note On Ancient Stone Implments, & c., of Japan*, Tokio.

Lubbock, S. J. (1869) *Pre-historic Times*, as Illustrated by Ancient Remains, and the Manners and Customs of Modern Savages, 2nd Edition, London.

Morse, E. S. (1879) *Shell Mounds of Omori*, Memoirs of the Science Department, University of Tokio, Japan, Vol I, PartI, Tokio, Japan.

Morse, E. S. (1917) *Japan Day by Day*, Houghton Mifflin Co, Boston & New York.

Petrie, W. M. F. (1904) *Methods & Aims in Archaeology*, Macmillan and Co, London.

Siebold, H. V. (1879) *Note on Japanese Archaeology*, with Especial Reference to the Stone Age, Yokohama.

Tanaka, H. (2018) Study of the Measured Drawings of the "*Shell Mounds of Omori*" The University Museum, The University of Tokyo, Bulletin No. 49.

おわりに

　石器の時代はきわめて長く続いたが，それでも描くものは結局ふたつに集約される。打製か磨製かである。巻末には参考として，筆者がこれまでに実測してきた埼玉県内の遺跡の石器図を掲げたが，図化の原理は石鏃も勾玉も同じである。石斧から御物石器までを正投影図で描き上げた，神田孝平の『日本大古石器考』がそのことを雄弁に物語っている。

　その『日本大古石器考』中の石器を今から10年以上前に，ある大学で実測したことがある。原本で石版印刷されていた黒曜石製石器は以後の主だった出版物であらたな図を目にしないから，実に100年ぶりに作図されたことになる。2度描かれる石器がきわめてまれなのだということを，つくづく実感した。実測してみてあらためて1世紀前の図の正確さに驚嘆したが，同時に神田の時代には見過ごされても仕方のない折れや新しいガジリなども観察された。実測という作業は個人に委ねられているから，厳密にはその個人に応じて抽出できる情報が変わる。だから既存の図によらず自分で実測し直すことが望ましいのだが，石器のほとんどは再実測どころか，発掘後に水洗・注記され図も描かれずに収蔵庫深く納められてしまう。石器を直接手にした作図者の責任は重い。

　研究は理念だけでは進展しない。また数値がモノの実体を示すわけでもない。図のもつ存在感が実物に劣らず，研究者の感性に訴えかけてくる。だから逆に実物を見て，公表されている図のあまりのずさんさに唖然とさせられることも多い。実作業はたえず練磨しなければ向上しない。それは誰よりも研究者自身が行う必要がある。側面図を描き加えた貞幹の磨製石斧が，破損部を抜き出したモースの石棒が，そうしたモノを見つめるまなざしの奥の視点を伝えている。

　本書を今は亡き織笠昭氏の霊前に捧げたい。ふたりとも石器という遺物が好きで，夢中だった高校での日々が思い出される。石器を見，それを手にした時のあのころの感覚はたとえようがない。知識は乏しかったが柔軟な感性は，石器の情報が触れた手の皮膚から，乾いたスポンジに水が染み込むように体内に蓄積できたような気がする。言葉よりも，衝撃的な自然科学のデータよりも，モノから考えるという姿勢はその時に培われて，今も信念のようになっている。おそらく彼も同じだったろう。本書が急逝した彼の意志の幾分かを，代弁するものであることを願っている。

　京都大学総合博物館山中一郎氏からは，ヨーロッパの実測事情について有益な御意見をいただいた。過去の実測資料の収集について荒井幹夫・西井幸雄両氏の御協力があった。末文ながら深く感謝したい。

再版にあたって

　少なからぬ部数を印刷したと聞いていた旧著が，まさか再版されるとは思ってもみなかった。専門的な実技書に世の需要があったことが，何よりうれしい誤算であった。旧著は発覚した事態の衝撃に居ても立ってもいられず稿を起こしたものであり，今読み返してみれば改善すべき点がある。その趣旨を踏まえながら，本書では再度実技の観点から改訂した。

　旧著で述べたのは面倒な作業の簡便な処理方法ではない。研究者として長く実測を行ってきた経験をもとに，自分なりの図化の原則を説いたに過ぎない。旧著出版後に寄せられた意見の中に，デジタル技術の活用もというものがあった。進んだ機器と描画ソフトを用いれば，正確で客観的な図が即座に得られる。この便利な方法になぜ触れないかということである。私も必要なら機器やソフトを使うが，しかし実測は画像処理ではない。

　鉛筆とデバイダーによるアナログな図は，確かに最新機器に比べれば誤差も生じ，いわゆる主観にも陥りやすいだろう。しかし実測で重要なことはその行為の過程であって，図は結果に過ぎない。その大切な過程を機器に置き換えてしまっては，目的と手段が逆である。

　現代人は視覚に偏してモノを判断しがちである。モニターには3D高精細画像があり，そこから発した図もある。最新技術に裏打ちされた眼前のこの事実以外に，一体何が必要だというのか。しかし実測とはいわばモノの記憶を脳に刻む作業であり，視覚はその一部に過ぎない。石器を取り上げたときに指先に伝わる黒曜石の鋭利な触感，カサつく安山岩のかすかな音，ルーペを覗き込むと鼻腔に流れ込む乾いたカビのような匂い，図を描く際の五感を研ぎ澄ませた行為のすべてがモノの認識に関わっていると考える。そんなことは錯覚だといわれるかもしれない。しかし証拠がある。

　高校生だった筆者に実測を教えてくれたのは，当時社会科の教員であり新進気鋭の石器研究者だった小田静夫先生である。先生は土曜半ドンの午後に我々考古学部の生徒を連れて，よく遺跡歩きをしてくれた。ある時先生は遺跡への道すがら突然しゃがみこんで，砂利まじりの農道から平然と石器を抜き出した。それは魔法のような光景だった。この石だらけのどこで石器と自然石の見分けがつくのか。

　学校の勉強にまったく不向きな高校生にとって，石をたたき割るというあきれるほど単純な運動から生み出された太古の道具は，実に魅力的な遊び相手であった。1個，2個と毎日夢中になって実測を繰り返した。たちまち石器の在庫が底をつき，日々採集にもいそしまなければならなかったある日，ここぞと目星をつけた遠くのローム台地を目指して歩いていた自分の身体が急に停止させられた。そういう指令が脳から発せられたようだった。まっすぐ前を見ていた眼を足元に移して，泥の中に顔をのぞかせていた石片をつまみ上げると，まごうことなき安山岩製の削器だった。黒色の地肌は白く風化が進み，普通なら砂利道で見分けがつくようなものではなかった。さ

らに我ながら驚いたのは，それをさもあたり前のように自分が取り出したことである。「石器が身につく」というのも妙な表現だが，知識もない高校生にとってはまさにそういう実感だった。明らかに実測によって感覚が自然に鍛えられ，育てられたのである。研究者としての筆者は無論，その延長上にいる。

　2011年3月の震災は我々全員に，生き方のありようを問いかけることとなった。高度なデジタル社会もあったものではない。被災地の惨状はいうまでもないが，首都圏でもこの21世紀に，湯たんぽを抱えて輪番停電の日々を過ごしたのである。のど元は過ぎたが，逆に地に足のついた生活を志向する人々も確実に増えたと感じる。本書に眼を留める人もきっともう一度自ら実物と向きあい，その内にある情報を，確かな手ごたえとともにつかみ取りたいという気持ちを共有していると考える。そうした方々に，本書がささやかなりともお役に立てれば幸いである。

　大森貝塚出土遺物の図面分析に関して，諏訪元先生をはじめとする東京大学総合研究博物館のご配慮があった。本書作成の過程で西井幸雄氏の手を煩わせた。出版に際しては初版時の雄山閣宮島了誠氏，再版では羽佐田真一氏のお世話になった。感謝に堪えない。今回巻末の図は埼玉県外の石器にも範囲を広げた。技術的難度の高い尖頭器も鳴鹿山鹿のレベルまで到達すれば，古代の製作者も会心の出来と胸を張ったに違いない。その造形美を伝えるのも実測図の機能の一つと考えたからである。

　2019年1月

索　引

あ　飯島（魁）　15
　　石鉾　11, 13, 14
　　岩宿（遺跡）　21, 23〜27, 29
　　陰影（表現・法）　10, 13, 15, 17, 24, 25, 27, 31
　　梅原（末治）　21, 22
　　雲根志　8〜10
　　エヴァンズ．J　23
　　円錐体　34, 40〜42
　　鉛筆　15, 21, 22, 35, 38, 40, 52, 53
　　大井（晴男）　27, 28, 30
　　横断面（図）　17, 24, 29, 30, 32〜34, 50, 53, 56〜59
　　大野（雲外）　19, 20, 23
　　大森貝塚（Shell Mounds of Omori）　13, 15, 17, 18
　　大山（柏）　6, 23, 26
　　陸平貝塚（Okadaira Shell Mound at Hitachi）　15, 17, 18
　　置き方　28, 36
　　小田（静夫）　29
　　織笠（昭）　56

か　外形　8, 13, 16, 21〜24, 30, 35 37, 38, 40, 50〜53, 56
　　外縁　34, 35, 38〜41, 47
　　階段状（剝離）　35, 40
　　欠肌　8, 10
　　ガジリ　13, 58
　　金関（恕）　20, 21
　　神の鑪　8〜10
　　神田（孝平）　13
　　基準指示線　34, 58
　　基準線　35, 49, 50, 52, 53
　　偽石器　10, 23
　　木内（石亭）　8〜10
　　利き目　38
　　木村（静山）　15, 19
　　旧石器（時代）　1, 6, 22〜24
　　清野（謙次）　8
　　区画線　15
　　形式　19, 20
　　抉入尖頭器　11, 13, 14, 82, 83
　　原石（eolith）　23
　　ケント紙　35

　　ゲンノー石　10
　　国府（遺跡）　23
　　考古学の研究法とその目的（Methods & Aims in Archaeology）　21
　　考古説略　6〜8
　　黒曜石　13, 24〜29, 42, 44, 46, 50
　　個体差　23, 28, 29, 32, 42, 46
　　小林（行雄）　21, 22, 31

さ　酒詰（仲男）　6
　　佐々木（忠二郎）　15, 17
　　佐原（真）　6, 15
　　三角定規　22, 35, 38〜40, 49〜51, 53, 54
　　三角スケール　36〜38
　　Gペン　36, 53, 56
　　シーボルト．H　6〜8, 13
　　時間差（剝離）　26〜29, 38, 46〜48, 50
　　指示線　24, 30, 33, 34, 50, 53, 54, 56〜59
　　自然面　11, 36, 58, 59
　　下図　19, 22, 35, 38, 46, 52, 53, 55, 56, 60
　　写生測定　6
　　写生見取図　21
　　写実（性）　8, 17
　　集古図　7, 8, 11
　　縦断面（図）　30, 33, 34, 50, 53, 56〜59
　　主要剝離面（腹面）　24, 32, 34, 36, 40, 42, 44
　　尚古図録　11, 13, 15
　　正面（図）　24, 29, 30, 32〜34, 36, 38, 47, 50〜54, 56〜58
　　新旧関係（剝離）　40, 47, 50
　　刃部　6, 24, 31, 36, 53, 56〜59
　　神保（小虎）　9, 10
　　人類学雑誌（東京人類学会雑誌）　17
　　推定線　58, 59
　　杉原（荘介）　23〜26, 29
　　砂川（遺跡）　26〜29
　　砂川型刃器技法　27
　　3D　31
　　製図法　6, 21
　　製図用インク　36, 56
　　正投影図（第3角法）　6, 13, 17, 28, 30, 32, 34, 53, 56
　　石戈　9, 10
　　石材　11, 15, 17, 23, 25, 26, 28, 29, 44, 46, 58
　　石版（印刷）　6, 10〜14, 17, 19

101

接合（資料）　27, 58, 59, 69, 74, 84
節理面　11, 58, 59
先土器（時代）　23, 26～28, 31, 50, 58
先史時代（Pre-historic Times）　6
線描　8, 10, 13, 24, 26, 58
側面図　6, 28, 50～53

た　高井戸東（遺跡）　30
　　滝沢（浩）　28
　　打撃（現象）　10, 11, 15, 19, 23, 25, 27, 28, 34, 35, 38, 40, 42, 44, 46, 47, 58
　　打点　30, 34, 36, 40～44, 46, 47, 50
　　打面　24, 27, 30, 34, 36, 40, 41, 50, 53
　　打瘤　23, 24, 34, 40～42, 44, 47, 50, 53
　　打瘤裂痕　34, 41, 42
　　断面図　22, 24, 30, 53, 54, 56
　　調整加工（技術）　13, 27, 56
　　通論考古学　21, 22
　　月見野（遺跡）　27, 28
　　つけペン　36, 53, 56
　　デバイダー　36, 38～40, 51, 53
　　転写　6, 36, 52, 53
　　点描　58
　　等高線　42, 43, 46
　　藤（貞幹）　8, 23
　　銅版（印刷）　6, 11, 13, 23
　　戸沢（充則）　26, 27, 29
　　トレーシングペーパー　36, 53, 56
　　トレース　22, 24, 35, 36, 38, 40, 46, 53, 55, 56

な　中谷（治宇二郎）　6, 8, 22
　　二重パティナ　11, 58, 59
　　日本考古学覚書（Note on Japanese Archaeology）　6, 13
　　日本石器時代提要（校訂）　22
　　日本大古石器考（Note on Ancient Stone Implements, & c. of Japan）　12, 13, 15
　　練り消しゴム　36, 50
　　野川（遺跡）　29

は　配置　6, 24, 27, 30, 32～34, 36, 53, 56～59
　　剥片剥離（技術）　27
　　破損（面・品）　17, 20, 30, 31, 58, 59
　　刃つぶし加工　53

浜田（耕作）　6, 20～23, 31, 36
針穴　15, 16
反転　13, 24, 30, 52, 53
比企（忠）　10
樋口（清之）　23, 26
ヒゲ　37, 38
描画面　29, 30
標示記号　30, 32, 58
ヒンヂフラクチャー　34, 35, 40, 42, 44, 46
フィッシャー　24, 26～29, 34, 38, 40～42, 44, 46, 47, 50, 53, 56, 58
別図　58, 60
ペトリー.F　21, 31
ヘルツ・コーン　40
母岩　27
補助投影図　30～32, 58

ま　マコー　22, 36, 53, 54
　　松沢（亜生）　26, 29, 40, 50
　　まつばら（さかえ）　9, 10
　　丸ペン　36, 53, 56
　　みがき肌　8
　　武蔵台（遺跡）　30
　　木版（印刷）　10, 11, 13, 14
　　モース.E　15～17, 19, 21, 31
　　茂呂（遺跡）　24～27, 29

や　横田（遺跡）　29, 30
　　横山（由清）　11, 13, 14

ら　ラボック.J　6
　　立体図　11, 15, 17
　　裏面　24, 28～30, 32～34, 36, 40, 50, 52～54, 57
　　弄石家　10
　　稜線　8, 10, 11, 13, 15, 16, 23, 26, 28, 34, 35, 38～41, 46, 47, 50, 51, 53, 56
　　リング　8, 15, 16, 24～29, 34, 38, 40～47, 50, 53, 56, 58
　　ルーペ　36, 53
　　ロットリング　36, 56

わ　割れ円錐　40, 42
　　割れ面　58, 59

著者紹介

田中英司（たなか　ひでし）

略　　歴　考古学者。1952年，埼玉県生まれ。千葉大学大学院博士課程後期修了。博士（文学）

専　　攻　日本先史考古学

主な著作　『日本先史時代におけるデポの研究』千葉大学考古学研究叢書1（2001），「大森貝墟碑の建設―佐々木忠次郎から稲村坦元宛て書簡より―」『考古学雑誌』日本考古学会第92巻第1号（2008），「石器文様論」『千葉大学考古学研究室30周年記念考古学論攷Ⅰ』（2012），Study of the Measured Drawings of the "*Shell Mounds of Omori*" The University Museum, The University of Tokyo, Bulletin No. 49, (2018). ほか

2019年3月25日　増補改訂版発行　　　　　　　　　　　　　　《検印省略》

石器実測法――情報を描く技術――【増補改訂版】
（せっきじっそくほう　　じょうほうをえがくぎじゅつ）

著　者　田中英司
発行者　宮田哲男
発行所　株式会社　雄山閣
　　　　東京都千代田区富士見2-6-9
　　　　ＴＥＬ　03-3262-3231／ＦＡＸ　03-3262-6938
　　　　ＵＲＬ　http://www.yuzankaku.co.jp
　　　　e-mail　info@yuzankaku.co.jp
　　　　振　替：00130-5-1685
印刷・製本　株式会社　ティーケー出版印刷

©Hideshi Tanaka 2019　　　　　　　　　　ISBN978-4-639-02636-5 C3021
Printed in Japan　　　　　　　　　　　　　N.D.C.210　104p　26cm